# MILLONETIS DIGITALES

8 cosas que tienen los negocios más sexys que ganan pasta

Marina Miller

Copyright © 2022 Marina Miller.

Todos los derechos reservados.

**ISBN:** 9798359065108

**Sello:** Independently published

*Mi abuela me dijo una vez: conseguirás cualquier cosa que te propongas. Yo siempre digo que me lo creí y, desde entonces, no he parado de proponerme cosas.*

*Gracias por tanto, abuela Mercedes.*

# ÍNDICE

Regalo secreto .................................................................... 7

¿Qué aprenderás aquí dentro?........................................ 11

Lección 1. La gente hace lo contrario de lo que dice................ 21

Lección 2. El poder de decir la verdad ........................................ 33

Lección 3. Palabras que despiertan tu lado más sexy ............. 45

Lección 4. Jugar con el placer humano del privilegio ............... 59

Lección 5. Un efecto que dispara las ventas ............................. 73

Lección 6. El problema nunca es el problema .......................... 85

Lección 7. Tu marca define a tus clientes ................................. 101

Lección 8. Haz menos y gana más ........................................... 117

Una proposición muy indecente ................................................ 131

# REGALO SECRETO

Me gustan las sorpresas, por eso **en la página 137 encontrarás un código QR** que te llevará a una lección en vídeo donde te contaré...

**"Un truco muy heavy para atrapar la atención en internet"**

Ojo, que este truco vale para publicaciones en redes sociales, asuntos de email, el nombre de un programa de un podcast, un post de un blog y varias cosas más.

**Lo han utilizado publicaciones que se han hecho virales. Poca broma.**

Si no vas a empezar a leer el libro ahora, yo de ti iría al menos a echar un ojo a esa página.

Recuerda, página 137.

# MILLONETIS DIGITALES

# PRÓLOGO

Nunca entendí el sentido de que alguien hable de tu libro antes de empezar (aunque todo el mundo lo haga), así que, decidí que aquí no iba a suceder eso.

# MILLONETIS DIGITALES

# ¿QUÉ APRENDERÁS AQUÍ DENTRO?

# MILLONETIS DIGITALES

Antes de nada quiero ponerte en contexto, para que sepas quién narices escribe esto y por qué lo hace. Ya te aviso que no soy una tía demasiado formal, es más, creo que el lenguaje en mundo corporativo es un juego bastante absurdo. Prefiero ser la misma versión en ambos contextos, me parece más honesto, sincero y, sobre todo, libre. Al final, nos vamos a morir todos, mejor que, al menos, nos sintamos libres.

Te confieso que me gusta jugar con algunas palabrotas, el humor y la ironía porque, si no, es todo un aburrimiento. Así que, aunque dentro de este libro se hablarán cosas serias, me esforzaré para que el tono sea en esta línea y no acabe siendo algo aburrido o casposo de leer. Creo que se pueden aprender cosas disfrutando, así que, me he propuesto que te lo pases bien leyendo este contenido. Veremos si me sale bien la cosa (si no, siempre me quedará la opción de vender patatas de feria quemando libros para hacer el fuego).

Ya solo me queda una cosa más que añadir antes de empezar: este no será un libro súper extenso en el que se repite una y otra vez lo mismo. La gente que me conoce sabe que me gusta ir al grano. Por eso he decidido eliminar la paja y tener un libro más fino, potente y que más gente llegue hasta el final.

Ahora vamos a lo que hemos venido...

Me llamo Marina Miller y me defino como una estratega digital con apellido de actriz porno. Esto decidí usarlo después de que mucha gente me dijera: ¿Eres prima de la actriz porno Amarna Miller? Esta mujer salió en un programa de entrevistas en televisión y dado que la gente me decía mucho eso, decidí usar esta broma a mi favor. Ahora yo me río más aún cuando veo la cara de la gente después de definirme así. Es realmente divertido y poca gente se olvida de ti, lo que a nivel de marketing es una gran estrategia. A día de hoy, con el número de impactos a los que estamos expuestos y lo saturados que andamos, ser capaz de quedarte en la memoria de alguien, aunque solo sea por unos días, es importante.

Es curioso, pero siempre fuí una niña espabilada y por eso cuando decidí montar mi escuela de estrategia digital la llamé Espabilismo. Si buscas en Google la definición de "espabilado" y de dónde viene, aparece en el buscador lo siguiente:

*Persona que tiene mucha facilidad para percibir y comprender las cosas, se desenvuelve bien ante los problemas y sabe aprovechar las oportunidades en beneficio propio.*

Cuando tenía catorce años (en el año 2004), ya estaba con mi primer ordenador conectada a internet desde un cibercafé. Esa gente hizo un gran negocio conmigo porque pasaba allí casi todas las tardes y alguna vez hasta me regalaban algunas horas por ser clienta fiel. Esto quiere decir que he vivido la evolución de este mundo digital en primera persona y eso me hizo entender mucho mejor la lógica de cómo funcionaba todo.

Mientras estudiaba la carrera de Marketing e Investigación de Mercados en la universidad, ya estaba montando mi primera tienda online con mi hermano. Incluso conseguí que el responsable de Samsung de telefonía de España me llamase personalmente para hacerme ofertas especiales. Justo en ese momento fui consciente del verdadero potencial de internet y supe que para aquel hombre no éramos dos hermanos montando su "chiringuito digital" desde casa, sino gente con la que hacer negocios.

Después de vivir muchas aventuras digitales de todo tipo, hace seis años decidí liarme la manta a la cabeza, dejar mi trabajo a jornada completa en Madrid y dedicarme a ofrecer mis servicios de marketing digital por mi cuenta. Eso me hizo tener que espabilarme y aprender muy rápido para posicionarme dentro de este mundillo con una propuesta diferente. Ahora, tengo un podcast llamado Espabilismo Freelance con más de 500.000 escuchas y a principios de 2022 monté mi primer evento presencial en Barcelona al que asistieron más de 200 personas (presencialmente y conectadas en directo desde distintos países).

Con esto quiero decirte que no acabo de salir del cascarón y he vivido muchas cosas dentro del mundo digital. Antes creía que solo triunfaba en internet la gente con grandes presupuestos publicitarios y esas cosas, hasta que me di cuenta de que entender la mente humana era clave para diseñar estrategias realmente potentes. Para mí supuso un antes y un después en los resultados de mis estrategias analizar el razonamiento humano. Además, después me di cuenta de que eso era precisamente lo que hacían los negocios digitales que mejor funcionaban y más me molaban. Gracias a entender el razonamiento mental de la gente, conseguí disparar las ventas en cuestión de horas en varios lanzamientos online en los que se vendían productos totalmente diferentes.

El objetivo de este libro es precisamente que aprendas que tienen en común esos negocios digitales que molan y ganan mucha pasta en internet, cuales son las estrategias que utilizan, para saber cómo puedes aplicarlas con tu personalidad a tu negocio. Mucha gente se centra en aprender fórmulas milagrosas, en lugar de centrarse en entender cómo piensan y actúan las personas para no depender de ninguna fórmula secreta. Aquí no voy a contarte ninguna de esas fórmulas para hacerte "milloneti" mañana, sino a enseñarte a descifrar la mente humana hoy en día, para que puedas entender cómo pensamos y construir estrategias que despunten en internet con tu propia personalidad.

Si a alguien pobre le das comida seguirá siendo igual de pobre mañana, en cambio, si le enseñas a generar ingresos para obtener comida, ahí es cuando verdaderamente lo estás ayudando. Eso es lo que pretendo hacer contigo aquí, enseñarte a través de los ejemplos de otros a pensar, para que puedas diseñar tus propias estrategias digitales que despunten del resto.

Esto no es un libro de manipulación, ni pretendo que se

haga eso con este conocimiento. Espero que tengas la suficiente ética para que elijas hacer un buen uso de este contenido y que realmente vendas algo que resuelva una necesidad real. Al final las mentiras tienen las patas muy cortas (como dice el refrán) así que, más vale que lo que vendas sea bueno de verdad, para no acabar con un grupo de personas con antorchas golpeando tu puerta.

Siento decirte que este no es el típico libro que te dirá lo que tu cabeza quiere escuchar, es más, es probable que te haga cuestionar muchas cosas de las que creías hasta ahora. La buena noticia es que si estás leyendo esto, es porque hay una parte de ti que quiere salir de su zona de confort y explorar nuevos caminos.

Antes de nada quiero darte las gracias por confiar en mí y te pido que a lo largo de estas líneas vengas con el vaso vacío. Esto quiere decir que olvides todo lo que has aprendido hasta ahora y vengas con la predisposición de llenar tu vaso de conocimiento con todo lo que yo pueda enseñarte. Tranquilo/a, no tendrás que quedarte con todas las ideas que te cuente, después ya filtrarás qué te sirve y qué no de todo lo que te enseñe.

Quiero advertirte de algo que considero importante que sepas: No soy ninguna "illuminati", ni vengo a transmitirte mi legado como primera mujer mesías del planeta Tierra.

Ahora en serio...

Aquí lo único que pretendo es compartir contigo mi

experiencia, lo que me ha funcionado y todo lo que he destripado después de muchos años observando este mundillo digital.

Coge lo que te sirva de lo que te enseñe y desecha el resto sin piedad.

**Repito:** sin piedad, no hay que dejar información innecesaria dando vueltas en tu cabeza.

Aquí lo importante no es que estés de acuerdo conmigo, sino que saques cosas valiosas que te sirvan. Ese es el gran objetivo que tiene este libro.

Una vez que ha quedado claro esto...

Ha llegado el momento de empezar a despeinarte un buen puñado de neuronas, que es para lo que estás leyendo este libro.

MILLONETIS DIGITALES

MILLONETIS DIGITALES

**LECCIÓN 1**

# LA GENTE HACE LO CONTRARIO DE LO QUE DICE

MILLONETIS DIGITALES

Seguro que has vivido esta situación alguna vez…

Alguien critica algo que te acabas de comprar y resulta que unos días más tarde se lo compra también. ¿Te mintió y realmente le gustaba? ¿Fue por envidia? Solemos presumir de que somos muy coherentes, pero no es real: la incoherencia forma parte de nuestro ADN.

Piénsalo bien, ¿no has comprado nunca algo que inicialmente te hizo sentir cierto rechazo? Lo curioso es que lo compraste, aunque fuese por probar, pero lo hiciste. Lo que poca gente sabe, es que el rechazo es una de las fases previas a la venta y, en muchas ocasiones, vas a tener que generarlo para vender más.

Una vez hice una página web para vender un servicio propio realmente agresiva, fue realmente curioso lo que sucedió después. Varias personas me dijeron que les parecía demasiado agresivo el discurso, pero todas ellas me pidieron una reunión para trabajar conmigo. Ahí tienes una prueba muy clara de que solemos decir una cosa, pero, muchas veces, actuamos de una forma totalmente contraria. Por esa razón hace tiempo que dejé de escuchar lo que la gente me decía y empecé a observar más lo que hacían.

Hace tiempo, leí en un libro de Risto Mejide, que es un crack del mundo de la publicidad, que para vender había que molestar a alguien. Ahora sé que es cierto. El problema es que no nos han educado así y la mayoría tiene un terror enorme a no ser aceptado por falta de autoestima. El problema de intentar quedar bien con todo el mundo es que pasas a ser parte de la masa de la indiferencia, y ahí, poco negocio se mueve. Polarizar a la gente te hace vender.

A mí personalmente no me gusta la política, pero hay algo valioso que puedes aprender de ese mundillo y es que saben polarizar a la gente. Eso quiere decir que habrá gente que te diga que no está de acuerdo contigo, que se enfadará, gente a la que le producirás mucho rechazo, pero hasta esas personas pueden llegar a ser clientes tuyos. Si la gente cambia hasta de partido político, ¿por qué crees que no podrías llegar a gustarle a alguien que ahora te rechaza? Recuerda que el rechazo es una de las fases previas a la venta, no lo olvides.

La cosa es que, a los humanos, nos encanta el sentimiento de pertenencia, por eso antes nos agrupábamos en tribus y ahora buscamos amigos que piensen como nosotros, con un estilo de vida similar, etc. Ese sentimiento de pertenencia lo han aprovechado en el mundo online muchos negocios digitales de distinto tipo, en los que la gente paga por la formación, pero lo que más acaban valorando es relacionarse con personas con intereses e inquietudes similares.

Normalmente en tu entorno si eres emprendedor la gente no compartirá demasiadas cosas contigo. La sociedad está planteada para ser empleado y las condiciones de los autónomos, sobre todo (que es como suele empezar un negocio online), no suelen ser las más ventajosas.

Muchos de los negocios digitales que más admiro y mejor funcionan han entendido muy bien este concepto. Han sabido cuando escuchar a su cliente y cuando ponerlo a prueba a ver si era verdad lo que decía. Quiero que seas consciente de que si conoces bien a quién le estás vendiendo, qué emociones está intentando cubrir y qué está buscando, estarás mucho más cerca de cerrar esa venta. Más adelante te explicaré cómo.

Lo que está claro es que no tener un discurso propio como marca, al final solo te posiciona como uno más y el problema de cuando eres uno más es que entras en la guerra de precios. Ya te aviso que eso es el peor negocio que puedes hacer, porque solo te escogerán por ser el más barato o el que acepte estar más puteado.

---

**Si no quieres formar parte de la masa, no te comportes como ellos.**

**Marina Miller**

---

Es muy curioso que todo el mundo dice que ofrece algo diferente, luego entras en su web o sus perfiles de redes sociales y todos hacen exactamente lo mismo. ¿Por qué sucede eso? Por miedo a no ser aceptado y a la crítica. El problema es que has vuelto a meterte en el saco de la indiferencia sin darte cuenta. Si hay alguien en tu sector que destaca, no te pongas a hacer exactamente lo mismo para hacerle la competencia, porque eso es lo que hace todo el mundo.

Lo mejor que puedes hacer es analizar la base de por qué la gente se engancha a su contenido o le compra, y después buscar la forma de reinventarlo para ofrecerlo de otra manera. No se trata tanto de inventar cosas nuevas, que este es un error que yo cometía al principio. Quería crear algo que nunca se hubiera inventado y me perdía dándole vueltas a la cabeza. Después entendí que la clave no es ser súper innovador, sino que sea innovadora tu forma de contarlo y venderlo.

Si vas a un restaurante en el que todo el mundo se viste igual y de repente aparece un tipo vestido de una forma llamativa, ¿a quién crees que recordará la gente? El problema es que la mayoría tiene miedo a vestirse de esa forma llamativa por falta de autoestima. Cuando trasladas esto al mundo online, veo a mucha gente gris que no destaca entre la multitud y el tipo con apariencia llamativa es quién se lleva la atención.

Esto no quiere decir que tengas que ir ahora vestido de arcoíris por la calle, pero sí que cuando entre en tu web o vea tus redes sociales, sepa que eres tú y no otro más del montón de la indiferencia dentro de tu sector. A la gente le encanta lo diferente, aunque de entrada le provoque rechazo. Puede que te digan que no les gusta tu propuesta, pero para saber si vas por buen camino o no, olvídate de las opiniones y fíjate en las ventas.

Conozco a muchos emprendedores que se vuelven locos escuchando lo que otros le han dicho sobre su web, sobre sus redes y ese tipo de cosas. Prueba algo, mantenlo durante un tiempo, analiza y luego toma decisiones; pero no te dejes llevar porque alguien te haya dado una opinión que no te gusta.

## No preguntes a la gente para saber qué harán, ponles a prueba.

**Marina Miller**

Hay personas que preguntaron a muchas personas si les comprarían "X" producto y luego, a la hora de la verdad, se quedaron con el producto montado y sin ventas. Por eso, como te he dicho, no hay que escuchar lo que dice la gente que hará, sino ver lo que hace. Esto es como cuando alguien dice que mañana se apuntará al gimnasio y ha pasado un año y aún no se ha apuntado.

Cuando preguntes a alguien si está dispuesto a comprar algo que vas a sacar y te responda que sí, pídele una reserva. Dile algo tipo: "OK, te paso ahora un enlace para hacer la reserva y así lo tienes cuando lo saque". Ahí sabrás si era real, porque puede que empiece a ponerte excusas de todo tipo para no dejarte su tarjeta:

- *Es que ahora no me va bien.*
- *Déjame que lo hable con mi pareja...*

Hay cientos de excusas de este tipo, así sabrás si su intención era real o solo era "de boquilla". Por eso, yo recomiendo mucho lanzar las cosas en modo pre-venta siempre que sea posible. Esto quiere decir que lanzas algo que aún no hay montado y así puedes ver si realmente la gente está interesada, si lo compran tienes 2 opciones:

**Opción 1:** Que esperen cierto tiempo hasta que lo puedas fabricar y recibir.

**Opción 2:** Devolverle el dinero, pedirle disculpas y explicarle que estabas validando el proyecto para ver si había gente realmente interesada.

A estas alturas espero que hayas entendido que con que te digan que sí que lo comprarían, no vale. Para una pre-venta lo ideal es que haya un beneficio especial, como por ejemplo, obtener ese producto a mitad de precio por tener que esperar. Así, te aseguras que, cuando lo montes, ya tienes clientes esperando para recibirlo y has validado ese producto en el mercado.

Recuerda que lo ideal es que tu marca tenga suficiente personalidad para generar que unos la amen y otros la odien. Eso es lo mejor que te puede pasar, aunque te mueras de miedo durante el proceso, es normal, la sociedad actual tiene unos problemas de autoestima muy heavys. Deja que te critiquen, crea productos y servicios que sean buenos de verdad. Muchos de esos que empezaron criticándote acabarán siendo tus mejores clientes. Es sorprendente pero pasa, créeme.

Algunos de mis mejores amigos eran personas que al principio me caían realmente mal, pero ese rechazo inicial acabó convirtiéndose en una amistad mucho más fuerte y duradera en el tiempo. Eso es lo que tienes que conseguir con un cliente.

La incoherencia humana es algo que está a la orden del día, alguien te dice que no quiere gastar y poco después se ha comprado un viaje para irse de vacaciones porque le salió un anuncio en redes sociales. Somos seres emocionales y por eso compramos emocionalmente, luego lo justificamos con la cabeza para no sentirnos culpables.

- *Es que necesito desconectar y por eso me voy de viaje para volver con las pilas recargadas...*

- *Mi pareja y yo necesitamos reconstruir nuestra relación y un viaje nos sentará genial...*

Todas las autojustificaciones que quieras puedes tener, es como un buffet libre en el que te pones a pedirle platos al gusto a tu cabeza. Es normal que tu mente haga eso, forma parte de nuestro mecanismo de supervivencia y solo busca protegerte. El problema es que a veces los peligros de los que nos protege, ni siquiera son reales.

Tu mente siempre te dará buenas autojustificaciones para racionalizar tu comportamiento (aunque no sea nada racional). Ahora, tómate unos minutos para asimilar esta primera lección, que tiene bastante miga.

Si quieres que realmente tu negocio digital funcione y te haga ganar pasta, vas a tener que poner a prueba a la gente en lugar de escucharles.

La mayoría dice que escuches y no venden.

Por eso es mejor casi siempre, cuestionar lo que hace la mayoría y tirar por otro camino...

MILLONETIS DIGITALES

# MILLONETIS DIGITALES

LECCIÓN 2

# EL PODER DE DECIR LA VERDAD

MILLONETIS DIGITALES

El mundo online ha dado muchos giros de todo tipo desde que empezó y había muchísimo desconocimiento, pero la gente no es tonta, acaban aprendiendo. Durante un tiempo mucha gente se aprovechó de ese puro desconocimiento para vender fórmulas milagrosas cambia vidas en internet y hubo mucha gente que se dejó sus ahorros en busca de un futuro mejor.

Por esa razón empezó a hablar de los "vendehúmos", que eran esa gente que prometía grandes cosas en internet si contratabas sus servicios, formaciones o productos. Además, sabían muy bien cómo tocar los puntos débiles de la psicología humana y lo utilizaron a su favor. Lo bueno es que, a alguien lo puedes engañar una vez, pero es difícil que lo hagas dos.

Esto hizo que grandes del online acabasen hundiendo su propia marca y pasasen de facturar millones de euros, a que se hablase mal de ellos por todas partes. De aquí surgieron los "Rankings de vendehúmos" y este tipo de cosas donde se señala con el dedo a distintos profesionales criticando sus prácticas de venta, productos, etc. La cuestión es que esos rankings han sido creados de forma totalmente subjetiva y sin ningún criterio válido. A mí me han metido ya en varios y, lejos de parecer negativo, tienen algo muy bueno: te hacen publicidad gratis. Siempre hay alguien que visita tu web y acaba comprando si le encaja lo que ofreces.

Hay algo que siempre he hecho con mis clientes: celebrar su primer "hater". Un hater es alguien que se dedica a criticarte por redes e intentar hundirte a toda costa con sus comentarios. ¿Por qué narices se celebra que aparezcan este tipo de seres? Por una buena razón: cuando empiezas a tener gente que te critica, te meten en este tipo de rankings y todas esas cosas, significa que empiezas a ser realmente visible. Como te dije en el capítulo anterior, se trata de polarizar, no puedes gustar a todo el mundo. Mientras más aumenta el número de personas a las que no les gustas, significa que se ha multiplicado el número de personas a las que sí (a no ser que la hayas liado muy parda).

Después de la época de las promesas desmedidas y el uso de la manipulación para cerrar ventas, ha habido marcas molonas que han decidido apostar por una estrategia totalmente distinta: decir la verdad. Este tipo de marcas tienen un discurso mucho más potente y convincente. Hablan de sus defectos, explican por qué hacen las cosas y escuchan las peticiones de su audiencia sin intentar parecer nada. Son negocios digitales que tienen valores y han comprendido que se pueden construir grandes empresas que ganan mucha pasta sin renunciar a ellos.

Hace un tiempo, empecé a recibir mensajes de mi compañía telefónica cuando la liaban parda. Me avisaban cuando había habido un problema. Un día, me dijeron que habían tenido un problema con internet de madrugada y, aunque yo no me había enterado, me compensarían con ello regalándome "X" gigas más de internet este mes para navegar fuera de casa.

¿Sabes qué provoca que una marca haga eso? Sientes que es honesta, te cuida y te sientes agradecido, y eso hace que te conviertas en un cliente fiel y pases a ser menos sensible a las ofertas de la competencia.

---

## Es muy caro captar un cliente nuevo, como para perderlo por no ser claro.

**Marina Miller**

---

Estos negocios digitales no te intentan engañar o disfrazar que son una gran empresa llena de departamentos. Incluso, pueden llegar a utilizar alguno de sus defectos para venderte. Y te aseguro que funciona, porque decir la verdad es algo muy potente a la hora de vender.

Imagínate que tengo una empresa de alojamiento web y mi equipo es pequeño. Si intentas venderte en el modelo antiguo, te crearías varias cuentas de correo, harías un papelón para parecer que hay 20 departamentos y sois una empresa grande del copón. La cuestión es que las empresas grandes tienen ventajas y desventajas, por ejemplo, los procesos de gestión suelen ser lentos, te cambian las personas con las que hablas y cada gestión es un jaleo.

¿Cómo podrías hacer un discurso basado en este principio de decir la verdad? Pues, por ejemplo, podrías decirle al cliente algo como lo siguiente:

*Sabemos que no somos la empresa más grande, ni con la mayor infraestructura, por eso mismo nos encargamos de que nuestro soporte sea la hostia. Cuando tienes un problema, el técnico que habla contigo conoce tu proyecto, sabe por dónde puede estar el fallo y lo soluciona antes de que llegue la comida a domicilio que acaba de pedir.*

Aquí, además, hemos metido otro factor: el lenguaje humano (esto te lo explicaré en detalle en el siguiente capítulo). La clave es que acabamos de convertir lo que aparentemente era un defecto (el hecho de ser pequeño) en algo bueno. Cuando una empresa te dice la verdad, confías en ella y la confianza es clave para vender. Por eso, hoy en día los negocios digitales que molan más y a la vez están ganando mucho dinero incluso hacen "open metrics". Esto quiere decir que cuentan cuánto ganan, cuánto gastan... Todo.

Hay cada vez más empresas que hacen esto para que los clientes vean que son honestos, que obviamente son negocios y tienen que ganar dinero, pero que no se están lucrando de forma desmedida inflando precios.

Esto no quiere decir que tengas que mostrar tus cifras si no te apetece, simplemente quiero que sepas que existe esta filosofía y cómo se están comportando muchos de estos negocios que más impacto están teniendo.

Cada vez la gente tiene más conocimiento del mundo digital, están aprendiendo y son más difíciles de engañar, por eso, la honestidad está siendo un gran reclamo para los clientes más informados.

De ahí que haya que tomar conciencia de que la transparencia es un elemento clave: mientras más honesto seas, más creíble serás, más confianza generarás y más venderás.

## Cuando aumenta tu credibilidad, se multiplican las ventas.

**Marina Miller**

Intentar disfrazar la realidad es como ser calvo y llevar peluquín: al final todo el mundo sabe que lo llevas. En cambio un tipo que dice "antes era calvo y me puse injertos de pelo para sentirme mejor". Eso demuestra que es alguien en quien puedes confiar, por varios motivos:

Primero, porque el pelo es de verdad, en lugar del peluquín de mentira y, por otro lado, porque te lo cuenta a pesar de no tener por qué hacerlo. Esto es solo una metáfora (con todos mis respetos a los calvos), pero me parecía un ejemplo muy bueno.

Una de las claves de este comportamiento de decir la verdad y transmitir esa credibilidad, es no esperar a que te pidan explicaciones y darlas porque, sencillamente, te apetece. Eso transmite transparencia. Hace poco recibí un mensaje de una comunidad digital en la que estoy y comentaban que habían decidido bajar el precio. Su discurso fue: lo hacemos porque queremos y porque podemos. ¿Qué pasa cuando sucede algo así?

Que la gente no está acostumbrada a que le cobren menos, sino a que le cobren más y eso siempre gusta, pierdes unos miles de euros, pero también fidelizas a un huevo de gente que no se irá. Si te pones a echar números, seguramente hasta sales ganando.

Es importante entender aquí que la cosa es ser transparente y hablarle de forma clara a tu cliente, cada vez los consumidores buscan más eso. Nos enseñaron que cuando había un error teníamos que taparlo, ¿y por qué no mostrarlo y contar cómo lo hemos resuelto? Eso hace que la gente confíe más en ti y sea más compasiva cuando te equivoques. Yo prefiero tener un grupo de clientes que son buena gente y les mola lo que hago, que un grupo de tiranos que me tienen todo el día de los nervios.

Monté una membresía con cuota mensual para acceder a ciertos contenidos dentro de la escuela de Espabilismo y, el primer mes, pasó algo inesperado. Los miembros de la membresía empezaron a recibir avisos de que su acceso a la membresía caducaría 7 días antes de la fecha de renovación. Aunque la renovación del pago era automática, el sistema no paraba de mandarles emails avisándoles de que pronto se quedarían sin acceso. Esto en una membresía es especialmente horrible, porque hay gente que lo mismo se apuntó, aún no ha tenido tiempo de ver el contenido y al recibir estos avisos decide darse de baja. Por lo tanto, estás provocando tú mismo un aumento de las bajas por pesado. Es lo mismo que si sucede esto:

Te compras una blusa y el dependiente no deja de llamarte para decirte que, si no te convence del todo, la devuelvas. Al final, lo mismo hasta la devuelves aunque te gustase.

Ante la situación decidí escribir a los suscriptores para contarles el problema: que me estaba volviendo loca con el tema y que incluso ellos me podrían ayudar si seguían recibiendo esos mensajes contándomelo. Eso hizo que muchos de ellos me contestasen con mucha amabilidad, compartiendo los avisos que recibían, para que mi equipo y yo pudiésemos resolver el problema antes sin tener apenas usuarios dados de baja.

Esa transparencia genera conexión, porque entiendes que el otro se puede equivocar, y eso hace que, además, la próxima vez que te cuente algo, no dudes sobre si será verdad o no. Es como cuando defiendes a ciertas personas porque pones la mano en el fuego por ellas.

¿Por qué crees que haces eso? Porque en ciertas situaciones clave, te han demostrado que son de fiar. Eso mismo lo tienes que aplicar a tu negocio.

---

## Ante la duda de decir la verdad o mentir, utiliza la verdad a tu favor.

**Marina Miller**

---

Ahora que ha quedado claro que decir la verdad es una herramienta muy potente de venta si sabes usarla, toca ver cómo expresarse para no parecer un negocio casposo de la vieja escuela. Es increíble cómo tenemos las cosas metidas en la cabeza, por eso, te voy a invitar a analizar algo curioso. La gente cuando se despide en persona suele decir adiós, hasta luego o hasta pronto.

De repente cuando escriben un email o por cualquier aplicación de mensajería instantánea a alguien que no conocen o con quien no tienen mucha confianza, se despiden con: "Un saludo" o peor aún: "Un cordial saludo".

¿En serio? ¿Quién narices haría eso en persona? Es como levantar un muro de hormigón entre esa persona y tú.

Las empresas que molan son cercanas y hablan con un lenguaje natural. Eso no está reñido con ser formal, tampoco tienes que decirle al otro "¿qué pasa tronco?", pero hablar como le hablarías a tu vecino es una buena forma de saber qué tono de comunicación utilizar.

El mundo digital es totalmente distinto al casposismo tradicional, aquí se premia la innovación y crear cosas revolucionarias. ¿Qué sentido tiene comunicarse como hace 100 años en este escenario? No tiene ningún sentido. Lo que no podemos es intentar parecer súper cercanos y luego ponerle a la persona "un saludo" al final del mensaje, es como decirle a alguien "me encantas" y luego decirle, "¡ya nos veremos algún día!"

Por eso, cómo utilizar las palabras y saber cómo decir las cosas es clave a la hora de vender online. Los negocios digitales que molan lo saben hacer muy bien, y ahora tú también sabrás cómo hacerlo para mostrar el lado más sexy de tu negocio en internet.

MILLONETIS DIGITALES

**LECCIÓN 3**

# PALABRAS QUE DESPIERTAN TU LADO MÁS SEXY

## MILLONETIS DIGITALES

Cuando empecé a moverme en este mundillo digital, me entró el gusanillo de aprender a hacer mi propia página web. Poco después me crucé con algunos amantes de lo que llamaban "copywriting" o más conocido como "escritura persuasiva". La cosa es que sus marcas no resonaban nada conmigo y por eso, pensaba que para escribir una web no hacía falta estudiar mucho. Yo diseñaba webs por aquel entonces y luego, un desarrollador web las montaba. Siempre que veía de nuevo a uno de esos que decían que hacían escritura persuasiva yo pensaba "qué pesados los illuminatis vendehúmos estos". Pobre ingenua de mí, como se suele decir, la ignorancia es muy atrevida.

Durante bastante tiempo estuve montando páginas web, escribiendo emails y todo tipo de textos online sin tener en cuenta eso del copywriting. La gente estaba contenta, aunque su criterio era poco fiable porque eran igual o más ingenuos que yo. Yo era una tonta motivada, pero oye, no me iba tan mal.

Un día de repente me crucé con un tipo que me enganchó al leer su web, era jodidamente fea, no tenía nada de diseño, pero lo que decía te atrapaba y hacía que leyeses hasta el final. Lo más curioso, es que todo el mundo decía que la gente no leía y que había que hacer webs visuales con muy poco texto, ya que nadie se lo iba a leer. Ingenuos, pobres ingenuos.

Resulta que me puse a analizar sus textos, por qué narices me interesaba leer una web fea cargada de texto y cómo me había "engatusado" para darme hasta ganas de comprarle. Ahí me di cuenta del gran poder que tenía saber escribir buenos textos y utilizar la escritura persuasiva en internet. Cuando lo apliqué a mis páginas web, fue como volver a un gato del revés: todo se revolvió y cada vez más gente compraba mis cosas.

Te aseguro que no fue un tema de diseño, cambié los textos y, los que supuestamente no leían, acabaron leyendo y comprando. Esto ha hecho que agotase el stock de productos recién lanzados de mis clientes en solo 48 horas con unos buenos emails y una página de ventas bien escrita. Esto no pasó porque yo fuese una "illuminati" muy especial, sino porque aprendí cómo decir las palabras adecuadas y en qué momento hacerlo.

La semana pasada, me escribió una alumna de una de mis formaciones contándome que había utilizado una de mis estructuras web, había escrito los textos con mis tutoriales y había pasado de un 12% a un 37% de conversión. Esto quiere decir que, si antes de cada 100 personas que visitaban la web compraban 12, ahora compran 37. Los textos los escribió ella, yo solo le dije qué escribir y cómo hacerlo. Quiero que entiendas esto de la escritura persuasiva con algunos ejemplos:

Imagínate que tienes un negocio online que ofrece un servicio de gestión de redes sociales para empresas. Puede que lo hagas tú solo o seas una empresa con varios community managers (así es como se llama la gente que hace esto). La cosa es que hacéis este tipo de trabajo...

He buscado en Google y voy a ponerte un ejemplo real de cómo la gente suele vender esto sin utilizar la escritura persuasiva:

**Título:** *Servicio de community manager para gestionar tus redes sociales.*

Este discurso no dice nada. Es como decir "mecánico para arreglar coches". ¿Por qué debería escogerte a ti y no a otro? Entro en tu web y veo uno más del montón. Lo primero que tendrían que hacer es saber bien cómo piensa ese cliente y qué problemas tiene con las redes sociales, para así, decir las palabras adecuadas para seducirle. Mira la diferencia y dime si te dan ganas de seguir leyendo si hubiesen puesto algo así:

**Título:** *Más del 95% de la gente no sabe cómo funciona el algoritmo que los dirige las redes sociales y acaban publicando todo el día para nada, ahora puedes evitar que te pase eso a ti.*

Esta frase está pensada para que después de leerla pienses: "¿Cómo? Cuéntame cómo funciona ese algoritmo", y sigas leyendo. Cuando utilizas las palabras adecuadas, puedes despertar tu lado más sexy como marca.

Por eso, los negocios digitales que molan y realmente ganan pasta, saben utilizar la escritura persuasiva en sus comunicaciones. Este es un ejemplo, se puede hacer de otras muchas formas, pero es para que te hagas una idea.

## Escribir bien es como saber ligar siendo feo: puedes acabar con el pivonazo.

**Marina Miller**

Esto no vale solo para una web, sino también para tus emails, los textos de tus publicaciones en redes sociales o incluso para vender tu propia casa.

Hace algún tiempo conocí a un copywriter, una de estas personas que se dedica específicamente a la escritura persuasiva, y me contó como tenía un piso en venta que no había manera de vender durante mucho tiempo. La inmobiliaria no conseguía moverlo, así que se le ocurrió hacerle unas fotos cutres, redactar un texto potente utilizando las técnicas de escritura persuasiva y subirlo a un portal de venta de casas. Un par de semanas después, la casa estaba vendida.

La gente lee si escribes cosas que les interesan, si no les cuentas nada interesante, ¿para qué van a pararse a leer? Por eso, la excusa de que la gente no lee, solo sirve para decir "no sé escribir y por eso no me leen". Lo bueno es que esto se puede aprender, no es nada que sea mágico o heredado de un Dios divino. Aunque también está claro que, como en todo, hay gente que tiene más o menos talento. Eso es una realidad.

Se me ha venido a la cabeza otro ejemplo que es bastante ilustrativo, te lo voy a contar para que entiendas bien esta lección. Imagínate que eres un psicólogo y quieres ofrecer tus sesiones de psicología online. He buscado en Google y uno de los primeros resultados que me ha aparecido decía esto:

**Título:** *Psicólogos online para una ayuda eficaz*

¿En serio? ¿A ti te apetece seguir leyendo? Es un mensaje completamente vacío que no dice nada que valga la pena. ¿Qué podría decir para crear un discurso más atractivo? Lo primero que hay que pensar es: ¿Qué siente alguien que busca ir al psicólogo? Se siente mal o algo le preocupa, ¿verdad? Pues, sabiendo la emoción principal que tiene esa persona, la puedo utilizar en el titular de mi web y el resto de textos. Te voy a poner un ejemplo más atractivo que ese casposo título que no decía nada:

**Título:** *Si solucionar algo que te preocupa ahora te parece un mundo, aquí te enseñaremos cómo puedes hacerlo en menos tiempo del que creías.*

Esto sí incita a leer, le estás diciendo que trabajar contigo va a solucionar su problema y que le enseñarás a hacerlo en menos tiempo del que piensa. Ahora que vas pillando cómo funciona el tema, te voy a contar un secreto que te hará saber aplicar esto mucho de una forma muy sencilla. Presta atención a lo que te voy a contar ahora, es importante. En vez de escribir tus textos pensando en ti, lo ideal es que lo hagas pensando en tu cliente y utilices la segunda persona del singular para escribirlos.

El razonamiento es sencillo: cuando haces una web, un email o una publicación en redes, lo lee una persona (por eso hablar en plural no tiene sentido). Lo ideal es que le hables a esa persona de lo que siente para empatizar, le expliques cómo vas a resolver sus problemas y utilices un lenguaje cercano sin tecnicismos, ni casposismo.

Por ejemplo, las empresas de telefonía tradicional son especialmente cansinas con las llamadas a horas improcedentes. Esto agota a los clientes y es algo que echa para atrás a mucha gente en cuanto escucha el teléfono y ve que le llaman de alguna compañía para ofrecerles una promoción. Por eso, podrías utilizar ese sentimiento de rechazo que siente mucha gente, para crear un discurso divertido que les haga sentir que eres diferente a tu competencia. Por ejemplo este, podría ser una muy buena herramienta de venta para diferenciarse del resto de compañías telefónicas utilizando el humor:

*Nos hemos redimido de nuestros pecados, ahora ponemos a nuestros agentes a las 3 de la tarde a hacer crucigramas para que no llamen a nadie a la hora de la siesta. Además, cuando estás con nosotros, nos encargamos de que no te llamen otras compañías para intentar que nos pongas los cuernos: es mejor evitar tentaciones, que acabar pecando y que luego quieras volver de nuevo con lágrimas en los ojos a nuestros brazos.*

El humor es realmente potente a la hora de vender y puedes usarlo a tu favor. Te aseguro que funciona muy pero que muy bien, porque es más fácil que alguien te compre si le has hecho reír. Vender es como ligar: si sacas unas risas, lo tienes más fácil.

---

## Si sacas una sonrisa a tu cliente, estás más cerca de su cartera.

**Marina Miller**

---

En el mundo online ya no vale con los discursos descriptivos de toda la vida, que no dicen nada y son extremadamente egocéntricos. Tienes que hablarle a tu cliente de una forma totalmente distinta, porque si piensa "qué guay es esta gente", tal vez no tengas el mejor producto o el más barato, pero a veces la gente prefiere trabajar con alguien que le hace sentir bien, le ofrece un buen producto y punto. Por eso, en lugar de centrarte y obsesionarte en ser el mejor, deberías centrarte en saber transmitirlo. Eso es lo que hacen los negocios digitales que tienen éxito, saben cómo hablarle a sus clientes para ser altamente atractivos y sexys. No buscan el egocentrismo, sino la naturalidad y la claridad en sus mensajes.

Cada vez que me cruzo con un sitio web que ha metido el humor dentro de su discurso pienso "¡esta gente es cojonuda!" Porque tener humor es síntoma de inteligencia y, la gente inteligente, se adapta a lo nuevo sin quedarse atrapado en la forma de vender de hace 50 años.

Ahora todo el mundo va con un teléfono inteligente en la mano que es como un pequeño ordenador. Eso hace que estemos expuestos a millones de impactos diarios así que, o eres muy bueno en tu comunicación, o ,aunque tengas el mejor producto del mundo, pasaré de ti. Por eso, hay que crear marcas que se atrevan a lanzar mensajes más creativos y potentes.

Es necesario crear marcas que se rían de sí mismas, que potencien sus defectos utilizándolos a su favor y que realmente vayan más allá de lo establecido. Esos son los que destacarán, mientras, el resto se quedará por miedo diciendo lo típico y resultando indiferentes.

Da miedo atreverse a ser distinto, pero es lo que realmente te hace marcar la diferencia y focalizar la atención de tus potenciales clientes. Seguramente la mayoría de empresas online que recuerdas en tu cabeza, para ti tienen algo especial o distinto al resto de su mismo sector, piénsalo y verás.

## El mundo online ha cambiado, si intentas vender como antes vas a necesitar un milagro.

**Marina Miller**

No puedes fiarte de lo que hacen las empresas más posicionadas en su sector o grandes marcas, porque a veces hacen mal marketing, pero ya tienen un nombre y no lo necesitan. Cuando haya negocios digitales con los que te cruces que tengan un discurso cojonudo, párate a analizarlos y busca la manera de coger parte de eso para aplicarlo con tu propia personalidad.

Si combinamos unos buenos textos con el capítulo anterior en el que decimos la verdad, podríamos vender hasta algo tan complicado como programas de pérdida de peso. Ahí la gente es especialmente desconfiada, está cansada de que le digan métodos milagro y de siempre escuchar más de lo mismo. ¿Cómo podríamos hacer esto? Es sencillo...
En vez de decir cosas tipo "pierde 3 kg en solo una semana", que es muy típico y genera bastante incredulidad, podríamos usar un mensaje tipo:

*¿Por qué la gente que hace dieta acaba igual o peor? Porque es una dieta y es como un castigo.*

*Aquí no te enseñamos a perder 3 kg en una semana, pero sí a comer bien para bajar de peso y que puedas mantenerte sin sentirte castigada.*

Otro pequeño detalle es que he enfocado el discurso en femenino y esto dependerá de quién sea mi público. Yo sé que hay un alto porcentaje de mujeres que buscan el tema de adelgazar, hay más mujeres que hombres. Puedo enfocarlo así para llegar a un público más grande como el femenino, o hacer justo lo contrario. Apostar por ir a un grupo más reducido, pero con menos competencia como es el público masculino.

Normalmente la gente siempre quiere tener un grupo grande de público al que dirigirse porque les da miedo quedarse sin clientes, pero no es cierto. En los grupos grandes hay más clientes y también más competencia. Internet no funciona como el mundo offline, cuando tú montas algo fuera de internet tienes cierto radio de influencia.

Por ejemplo, si montas un taller mecánico en un barrio, vas a necesitar hacer un poco de todo para reparar todos los coches de tu zona. En cambio, en internet, llegas a gente de muchos más sitios y tu competencia es más grande, por eso, mientras más especializado estés, te irá mucho mejor. Te voy a contar un caso real que viene como anillo al dedo para que lo veas claro:

Hace poco, vi a un mecánico que se había hecho famoso en internet a través de la red social Tik Tok. Resulta que el tipo ha aprovechado su visibilidad en internet para mostrar vídeos con los defectos y problemas que tienen ciertos coches de alta gama. Como la gente lo ha identificado como experto en este tipo de coches y averías que muchas veces no les dan solución en el taller, él se ha posicionado como experto en ese área.

Ahora le llegan clientes de todas partes de España para arreglar sus coches de alta gama allí, y este verano estaba ampliando el taller mecánico. Y hay un buen motivo…

Este tipo ha entendido cómo funciona el online, tiene mucha visibilidad, se ha especializado y llega a gente que no solo vive cerca de su zona, sino de todos sitios. Porque si tuviese que vivir de los coches de alta gama de su alrededor, lo tendría realmente complicado. Por eso es importante saber cómo funciona internet y utilizarlo a tu favor.

Todo es una cuestión de tener claro a quién te diriges, qué canal es el adecuado para llegar a esa gente y cómo diseñar tu estrategia.

## MILLONETIS DIGITALES

**LECCIÓN 4**

# JUGAR CON EL PLACER HUMANO DEL PRIVILEGIO

MILLONETIS DIGITALES

Hay una cosa que me fascina y es la mente humana, porque si entiendes cómo funciona, todo se simplifica. Por ejemplo, si alguien quiere estar delgado o delgada, normalmente te dirá que es porque se cuida y le gusta verse bien. Si come sano y está feliz, tal vez sea así, pero, si a menudo está haciendo dietas, es muy probable que lo esté haciendo por encajar en el canon social.

Ahora no se lleva estar gordo o gorda: la moda es estar delgado. Por eso, si alguien vive restringiéndose y luego vuelve a tener excesos, su motivación no suele ser cuidarse, sino encajar en una "tribu social". Este tipo de cosas hay que pararse a pensarlas, cuando ves un síntoma, la clave es descubrir el origen y qué sentimiento o pensamiento lo ha generado. Si haces eso con tus clientes y lo utilizas a la hora de comunicar el valor de tu negocio, tu impacto se multiplica y es muy probable que las ventas también lo hagan.

Por eso te dije al principio que no hay que escuchar a la gente, sino observarles. Si alguien te dice que no piensa que el dinero sea muy importante y lleva un cochazo de alta gama, sus palabras no encajan con sus actos. Porque ese cochazo no suele escogerse por comodidad exclusivamente (hay coches de gama media muy cómodos), también es un símbolo de poder y estatus social, que puede que esté cubriendo ciertos vacíos que hay en su interior.

Ahí la pregunta que deberías hacerte es: ¿Por qué necesita mi cliente sentirse poderoso o por encima del resto? Entonces, descubres que, tal vez, tenga un sentimiento de inseguridad en algún lugar recóndito de su ser. Lo mismo puede que esté buscando reconocimiento, sentirse valorado, o respetado.

Hay muchas cosas detrás y habría que pararse a analizar cada caso, pero la idea es que entiendas la base y no te quedes en la superficialidad de lo que la gente dice sin más. Hay que rascar el fondo, porque ese tipo de sentimientos, son los que mueven a las personas a actuar realmente.

---

## Si destripas una necesidad, sabrás cómo llenarla.

**Marina Miller**

---

La sociedad actual tiene grandes problemas de autoestima, por eso la gente necesita encajar en el canon de belleza social y este tipo de cosas. Las redes sociales nos han abierto una ventana al mundo y el ser humano se compara constantemente con el resto para evaluar su vida. Me hace gracia que la gente siempre dice: "no te compares, no es sano". Y obviamente sano no es, ni nadie quiere hacerlo, pero es realmente difícil controlar esa parte de nosotros, porque siempre necesitamos tener un punto de referencia para realizar una evaluación de algo. Pero, además, no es solo eso: desde que empezamos en el colegio, nos han evaluado con notas (que si te paras a pensarlo consiste en ver en qué posición estás con respecto a un parámetro del 0 al 10). Si desde pequeños nos evalúan constantemente, ¿cómo no vamos a evaluarnos y comprarnos con los demás?

El ser humano utiliza puntos de referencia para saber en qué punto está con respecto a algo. Eso no quiere decir que sea sano y, obviamente, si consigues controlarlo, aumentará tu felicidad y autoestima: ahí es donde está el reto. Eliminar todas las creencias que te han metido en la cabeza sobre lo que está bien y mal, para empezar a cuestionarlo, creando tus propios puntos de referencia que podrían estar fuera de lo que marca la masa social mayoritaria. Como ahora puedes ver muchas formas de vivir, pensar y actuar a través de tu teléfono móvil, es más complicado que tu vida te parezca fascinante, de ahí los problemas de autoestima sociales.

Antes tú podías tener una tienda en tu barrio que funcionaba de maravilla, la comparabas con la de al lado y eras el rey o la reina de la fiesta. Ahora, un tipo te cuenta que acaba de facturar 1.000.000€ online mientras está en Bali con su ordenador y te cagas en su puta madre.

Lo primero que hay que tener en cuenta aquí es que, solo te ha mostrado una parte atractiva de su realidad, y ni siquiera te ha contado cuánto ha obtenido realmente de beneficio. Tal vez invirtió 99.000€ para conseguir eso y solo le han quedado 1.000€ para él. Ya no suena tan guay, ¿verdad?

Esto pasa todo el día: siempre verás en redes sociales a alguien que está más fuerte que tú, más delgado, tiene más pelo, un mejor trabajo, gana más dinero o lo que narices valores tú. La cuestión es que, cuando tú trabajas tu autoestima y te sientes totalmente pleno, cada vez te afecta menos lo que hagan los demás. Mientras más te afecta, es un síntoma de que estás jodido y hay vacíos en ti que necesitas solucionar.

Sabiendo que la mayor parte de nuestra sociedad tiene este problema de autoestima, habría que hacer el ejercicio anterior del tipo del coche. Aquí viene la pregunta del millón:

¿Qué necesita alguien que tiene un problema de autoestima? Sentirse reconocido y especial. Por eso hay mucha gente que manipula a otra gente, al igual que hay gente que se deja manipular (los que tienen su autoestima peor son más susceptibles).

Obviamente, está fatal que utilices esta información para joderle la vida a alguien, pero si cada vez más gente consiguiera solucionar sus problemas de autoestima, habría menos gente que se pudiese manipular. Así que el problema no es el manipulador en sí, aunque no te guste escuchar esto, sino que no te dejes llevar a la mínima que alguien te dice lo que quieres escuchar y te haga sentir especial.

Hay una gran diferencia entre manipular y utilizar el conocimiento de la sociedad actual a la hora de vender en internet. No lo confundas, porque es diferente. Cuando manipulas a alguien, estás distorsionando la realidad a favor de tus intereses particulares. La clave de esta definición es distorsionar la realidad, que es muy distinto que utilizar una emoción a la hora de vender.

Los humanos somos egoístas por naturaleza. Hasta los que ayudan todo el tiempo a su comunidad, familia o amigos, son los especialmente más egoístas. Parece que el hecho de ayudar a otro te hace menos egoísta, pero no es real, porque hacerlo te reporta una gran satisfacción interna (y al final, ganas tú igualmente).

Nos gusta especialmente sentirnos reconocidos y especiales, porque somos seres sociales que viven en sociedad. Esto hace que utilizar el sentimiento de privilegio a la hora de vender, sea una herramienta súper potente de venta.

La gente necesita sentirse especial y reconocida hoy en día, por eso hay muchas empresas que cuando te llaman por teléfono utilizan tu nombre, se apuntan cosas que les cuentas para empatizar contigo y buscan una relación mucho más íntima.

Así, dejas de sentir que eres un número más para ellos, se acuerdan de ti, y tu necesidad de sentirte privilegiado o especial se pone a dar palmas de alegría por dentro.

---

## Haz sentir especial a tu cliente, y volverá a por otro chute.

**Marina Miller**

---

Antes te comenté todo el tema de la autoestima, porque es algo importante que tienes que tener en cuenta a la hora de vender hoy en día. Si no sabes qué necesidades tiene la sociedad actual, ¿cómo vas a cubrirlas con tus productos y servicios?

Hay que entender cómo piensan tus clientes y qué les motiva a actuar para elaborar discursos de venta centrados en ellos, no en ti (como se ha hecho durante años). Eso ya no sirve.

En el mundo en el que vivimos actualmente, cada vez la gente es más egoísta y necesita sentirse más especial. Y eso sucede porque tienen más problemas de autoestima y necesitan llenar más vacíos existenciales.

Por eso, los negocios digitales que lo saben hacer, utilizan esa necesidad de sentirte especial a la hora de venderte en muchos casos. Si no, los cursos de desarrollo personal y los libros de autoayuda no serían los más vendidos. La gente te dice que le va muy bien, pero no paran de formarse en estos temas. Como te he dicho ya varias veces a lo largo de este libro, presta atención al comportamiento, no a las palabras, pequeño saltamontes.

Hace cosa de un año más o menos, hice una estrategia para un cliente en la que utilicé este sentimiento. Teníamos pocas unidades de un producto, por lo que decidimos hacer una estrategia diferente para venderlo.

En lugar de decirle a la gente ve aquí y paga, se me ocurrió algo distinto para aumentar el deseo de comprar.

En lugar de poner directamente el producto a la venta, puse una barrera para poder comprarlo.

A priori pensarías: estás loca. ¿Por qué narices poner una barrera en lugar de que la gente vaya a comprar y punto?

Porque quise utilizar el sentimiento de privilegio para agotar el stock y que la gente valorase más aún el producto que estábamos vendiendo. La cuestión es que, para poder comprar el producto, la gente debía rellenar un formulario con 3 preguntas sencillas y después se elegirían en función de las respuestas a las personas que lo podían comprar.

Esta estrategia lo que hizo es que la gente pensase que si le habían escogido en función de sus respuestas, había contestado mejor que otras personas y era especial. Además, se sumaba el elemento de escasez de que no podía comprarlo todo el mundo, solo los que fuesen elegidos por sus respuestas. Por lo que el cliente, si era elegido, se sentía privilegiado de poder comprar ese producto.

El resultado fué que se dispararon las ventas y recibimos muchas más solicitudes del producto que unidades teníamos disponibles. Después, se les pasó el enlace de pago a los elegidos y realizaron la compra. Un factor importante a mencionar, es el tema de decir la verdad y la transparencia que comenté en la segunda lección.

Cuando la gente rellenaba el formulario, aparecía el precio del producto. Por lo tanto quién rellenaba las 3 preguntas, tenía claro cuánto costaría el producto después.

Lo que quiero que aprendas de esta pequeña anécdota es que hay elementos que animan a actuar a las personas. Estamos hiperestimulados recibiendo mensajes todo el día de "compra esto, compra lo otro". Por eso, cuando quieres vender algo, ya no funciona hacerlo como antes. Y los negocios digitales a los que les va muy bien, lo saben.

Necesitas diseñar estrategias más avanzadas utilizando

los sentimientos y necesidades de la sociedad actual. Si te paras a pensarlo, cuando hay una rebaja de algo y pocas unidades, estás utilizando este mismo sentimiento.

¿Qué hace la gente cuando consigue una ganga? Contárselo a sus familiares y amigos como un logro.

¿Sabes por qué lo hacemos? Porque nos sentimos especiales de haber conseguido algo que otros no y buscamos ese reconocimiento social. Por eso soltamos por la boca frases de este tipo cuando pasan esas cosas: *"He conseguido el último que quedaba de esto y encima a mitad de precio".*

En este ejemplo, hay 2 factores que han generado eso. Por un lado, han metido el factor precio reducido, que nos hace sentir que hay una oportunidad a través del sentimiento de urgencia. Después, han sumado un elemento de escasez, de que algo se acabará por haber indicado un número de unidades reducido. Y así, nuestro cerebro piensa: *"Eres un máquina, acabas de pillar una ganga".*

Entonces, vuelves a tu casa sintiéndote muy listo y especial. Por eso, no dejo de repetir a la gente que lo importante es entender el comportamiento humano y cómo funciona nuestra mente. Así, podemos diseñar estrategias con nuestra propia personalidad, que no ha inventado el típico americano de turno que todo el mundo replica en internet.

La clave de todo esto es conocer qué piensa tu cliente, qué hay detrás de esos pensamientos y qué vacíos está buscando cubrir. Así, podrás crear estrategias diseñadas para hacerle tener ciertas emociones y pensamientos, que le hagan entender que eres lo que necesita. Siempre lo digo, pero en este punto lo quiero aclarar también: la clave es utilizar este tipo de cosas vendiendo algo que realmente funcione y es bueno. Si lo que ofreces no sirve para nada, estás distorsionando la realidad y entonces ya es manipulación.

La cuestión es que vivimos en un entorno más saturado de impactos, competencia e información. Nuestro entorno y forma de vender en internet ha cambiado. Y solo sobrevivirán las empresas que se adapten a este cambio con discursos más humanizados, naturales, frescos y honestos, que sepan tocar nuestras necesidades más profundas. Si te quedas en lo superficial, en lo egocéntrico de hablar de tu libro y no vas un paso más allá, la gente te ignorará.

Quien te compra es egoísta y quiere saber qué tienes para él. Si voy a pagarte por comprar algo, tiene que proporcionarme algo que me interese y me resulte atractivo de alguna manera. Si solo me hablas de lo bueno que eres, los servicios que ofreces y demás, me estás mandando un mensaje vacío. Las empresas digitales que han entendido esto, están vendiendo sin parar, mientras la mayoría no entiende por qué no vende. Esto no va de ti y de lo que tú quieres contar; si no de tu cliente y lo que él quiere escuchar.

# MILLONETIS DIGITALES

MILLONETIS DIGITALES

**LECCIÓN 5**

# UN EFECTO QUE DISPARA LAS VENTAS

# MILLONETIS DIGITALES

En el capítulo anterior he mencionado un poco por encima el tema de la escasez, pero ahora quiero profundizar en esta parte y darte algunos ejemplos más específicos de cómo utilizar este sentimiento en tus estrategias digitales.

Cuando ofreces algo a alguien para que lo pueda comprar, muchas veces anda en mil cosas y piensa: *"luego lo miro"* o *"ya lo haré en otro momento"*. Ha habido veces que incluso le he mandado a alguien una página de ventas para comprar algo que había pedido y me ha contestado: *"Luego le echo un ojo si tengo tiempo".* Esto sucede por el ritmo de vida que llevamos actualmente y la cantidad de impactos que recibimos todo el tiempo. Nuestra cabeza no da para más y, si cada vez que nos vendieran algo lo compramos al momento, más de uno acabaríamos en la ruina.

Si estás dentro de una tienda (que has ido a eso), es menos probable que eso pase, aunque a veces también sucede. En internet, esta probabilidad aumenta, porque normalmente estás viendo tus redes sociales o haciendo otras cosas cuando recibes una oportunidad de comprar algo. Esto ha hecho que los negocios digitales hayan tenido que añadir elementos de escasez a sus propuestas.

¿Qué quiere decir la escasez? Que es algo que se acaba y que no estará para siempre. Es decirle al cerebro de la otra persona: *"hay una oportunidad que puedes coger y no estará disponible para siempre. Es ahora o, tal vez, nunca".*

Eso hace que automáticamente tu cerebro piense: *"¿Y si*

*no lo compro y luego me arrepiento? Tal vez no vuelva a estar disponible en otro momento..."*

La idea aquí es hacer que la persona tome una decisión y no lo deje para otro momento. Sea la que sea, puede que sea no comprar, pero que decida algo. Es como poner al cliente entre la espada y la pared, tiene que elegir una de las dos opciones: comprar o no, pero decidir. Si no hay un elemento de escasez, la gente acaba postergando esa decisión y, al final, lo suelen olvidar. Esto se traduce en que bajan considerablemente tus ventas.

Las tiendas tradicionales de ropa saben esto, por eso hacen las rebajas. Para liquidar material diciéndole a la gente: *"es tu última oportunidad para comprar esta prenda a este precio, no van a venir más como esta".* Y su cerebro dice: *"¡He pillado una ganga! Soy un crack";* y se vuelve a tope de dopamina a casa. La dopamina es la hormona del placer, que se produce especialmente cuando tenemos una recompensa inmediata.

En los negocios digitales generar escasez es muy importante para vender ciertas cosas y suele aumentar las ventas, por eso he querido dedicar un capítulo especialmente para ello. Es curioso, pero en plena pandemia mundial de Covid-19 sucedió algo relacionado con esto. Había un alto nivel de incertidumbre, puesto que no habíamos vivido algo así antes. Esto hizo que pasase algo muy curioso con ciertos productos de los supermercados. Mucha gente se puso a comprar papel higiénico para meses en los supermercados, parecía que iba a venir el apocalipsis y lo más importante era limpiarse el culo. Limpiarse la boca parecía que no era tan importante, porque servilletas no faltaban, solo pasaba con el papel higiénico. La cuestión es que esto generó un efecto bola de nieve, provocado por el sentimiento de escasez. Cuando acudías al supermercado y llegabas a la zona del papel higiénico, casi siempre estaba vacía. No quedaban rollos en las estanterías, ni del suave, ni del efecto lija, ni de ninguno.

Cuando volvías de nuevo y, por casualidad, acababan de reponerlo, se volvía agotar rápidamente. Todo el que estaba allí, lo pillaba aunque tuviese 5 paquetes en su casa. ¿Por qué se volvía a agotar una y otra vez? Porque la gente sabía que pronto no habría de nuevo, por lo tanto, su cerebro le decía: *"Píllalo ahora, que luego no habrá"*.

Ese sentimiento de escasez hacía que las ventas de este producto se disparasen y, obviamente, pusieran felices a las fábricas de papel higiénico.

Por eso, quiero que entiendas que hay varias formas de provocar este sentimiento de escasez. Aquí te voy a contar algunas de las más importantes que deberías conocer:

**Recompensas que se acaban**

Te voy a contar una pequeña anécdota de algo que me sucedió con el tema de la escasez, para que veas una peculiar forma muy potente de aplicarla en tus estrategias digitales.

Como te comenté al principio del libro, hice un evento presencial y online en Marzo de 2022. Los eventos siempre inician la venta de entradas uno o varios meses antes de la fecha del evento, así que, abrí la venta de entradas con una página de ventas en la que ofrecía un descuento si se compraban las entradas con bastante antelación hasta "X" fecha. De esta manera, el descuento solo estaba disponible hasta esa fecha y ya era un elemento de escasez.

El problema de los eventos, es que la gente espera a última hora para comprar la entrada y, a veces, el precio reducido no es una motivación lo suficientemente grande. Esto suele ser un problema gordo, porque tú tienes que cerrar la sala y todos los preparativos con tiempo. Por eso, me vi en la necesidad de hacer algo para resolver esta situación.

Al ver que la gente no reaccionaba y seguía esperando para comprar, decidí jugar con otro factor más potente. Los que compren la entrada en estos 10 días, recibirán un audio inédito donde desvelo "X cosas" como recompensa.

Durante esos diez días estuve anunciando que todos los que comprasen su entrada antes de la fecha límite, iban a recibir ese regalo exclusivo y el resto no tendría acceso a ese audio si compraba la entrada después.

¿El resultado? Empezaron a venderse entradas cada día sin parar.

Esto sucedió porque había una oportunidad que no tendrían después y tenían que decidir si al final iban a venir o no. Básicamente, lo que te comenté antes: les puse en la tesitura de decidir, ¿vienes o no vienes? Para que no lo dejasen para después o mañana.

Ahora, vamos a ver otra forma distinta de utilizar la escasez dentro de tus estrategias de venta.

**Unidades o plazas limitadas**

Otro elemento de escasez muy potente, es cuando hay cierto stock de un producto o el número de plazas es limitado para algún tipo de servicio. Esta estrategia suele ser especialmente potente en los últimos días de promoción de algo. Cuando por ejemplo has anunciado la venta de un producto y, de repente, mandas un email diciendo: *"ya solo quedan 3 unidades".*

Ahí volvemos a lo mismo de antes, provocas que la persona tenga que tomar una decisión. En su cabeza se dibuja la idea de que es un ahora o nunca, encima, si después no habrá más de ese producto, se incrementa aún más el deseo.

Esta suele ser una buena estrategia para productos bastante exclusivos, en los que haya poco stock, o cuando hay algún tipo de servicio con un número de plazas limitado. En el año 2019, en una comunidad online en la que estoy, organizaron una experiencia presencial en la que nos juntábamos en una villa durante 9 días un grupo de emprendedores digitales. Para poder asistir, por un lado, utilizaron un formulario para hablar sobre tu perfil, por qué querías ir allí y demás. De entrada ya solo para poder solicitar tu plaza, habían utilizado el sentimiento de privilegio del que te hablé en el capítulo anterior. La cuestión es que además anunciaban que solo había 19 plazas disponibles, de manera que el grupo era bastante reducido para una comunidad donde había más de 500 personas. Yo conseguí ser una de las asistentes y, sin duda, fue una experiencia única que me hizo crecer muchísimo.

Allí, los organizadores y fundadores de esta comunidad online, me comentaron que habían recibido muchísimas solicitudes. Eso sí, me tuve que currar el formulario, porque las plazas eran muy limitadas. Si no me hubiesen dicho el número de plazas o que tal vez no se volvería a repetir, tal vez nunca habría rellenado el formulario. Por eso, saber utilizar la escasez es muy potente para disparar las ventas.

Si, además, sabes combinar varias estrategias de las que hemos comentado, todo se multiplica y es más probable que tengas a un montón de gente con muchas más ganas de comprar. Ahora ya sabes por qué ciertos discursos te provocan deseo de comprar ciertas cosas.

**Esto se acaba el día...**

Otra forma de provocar escasez algo más conocida, es poner un plazo. Para esto se utiliza mucho el tema de las promociones bajando el precio. Si utilizas la estrategia del precio, es importante decir cuánto costará después, para que la gente sienta que, si no lo hace ahora, luego tendrá que pagar esa cantidad superior.

Puede hacerse con eso o con lo que sea, la clave aquí es limitar en el tiempo la duración de esa oportunidad. Hay que ofrecer algún tipo de beneficio distinto a lo habitual y ponerle un plazo de finalización. Lo malo de las fechas es que en internet la gente suele esperar hasta el último día y siempre los 2 últimos días antes de que acabe la promoción es cuando suelen concentrarse la mayor parte de las ventas. Si quieres que eso no pase, habría que meterle también el factor anterior de unidades o plazas limitadas.

Una cosa curiosa cada vez que he lanzado un nuevo curso o formación online, es que el día que se acaba la promoción suelo mandar un email cuyo asunto dice: *"Hoy a las 23:59 se acaba tu oportunidad"*.

A lo largo del día empiezan a entrar más ventas de lo habitual, pero lo especialmente divertido es que entre las 22:00 y las 23:59 suele haber un montón de pedidos seguidos minuto a minuto. Hay gente que no es que espere a última hora, sino que vive al límite, jajaja.

Si algo está disponible todo el tiempo y lo puedo comprar en cualquier momento, es fácil que deje esa decisión para otro momento y me acabe olvidando de volver a tu web para comprar. Llevamos un ritmo de vida frenético, todo el mundo va corriendo a todas partes y la gente se para poco a reflexionar.

Estamos hiperestimulados todo el tiempo, por eso, es importante que cuando captes la atención de alguien, le hagas tomar una decisión. Sea la que sea, pero que no deje la decisión para más tarde.

Ahora que ya conoces algunos elementos de escasez y cómo utilizarlos en tus estrategias, vamos a hablar de cómo destripar las necesidades de tu cliente, para que sepas venderte mejor.

## MILLONETIS DIGITALES

## MILLONETIS DIGITALES

**LECCIÓN 6**

# EL PROBLEMA NUNCA ES EL PROBLEMA

## MILLONETIS DIGITALES

Hay algo que llevo años observando y es curioso: el problema del que todo el mundo suele hablar, nunca suele ser el verdadero problema. Con esto quiero decir que cuando alguien te está hablando de algo que le sucede, realmente no te habla del problema original, sino del síntoma. Hay que aprender a diferenciar entre ambos, porque será clave saber esto para crear un negocio que funcione de verdad y no la acabes liando.

Por ejemplo, si tienes un cliente que no para de exigir y te reclama constantemente cosas, el problema no es que el cliente tenga esa actitud. Aunque te parezca un idiota, su actitud sería el síntoma. El verdadero problema que esconde es que no le has fijado las reglas o normas para trabajar contigo; también puede que tengas demasiada dependencia económica de él, y que no te atrevas a fijar esas reglas por miedo a que se vaya.

Para solucionar el problema real, tendrás que solucionar el tema de poner reglas o tener menos dependencia económica de ese cliente, para que finalmente puedas establecer normas y, si no quiere continuar, que se vaya y tú estés tranquilo.

Cuando un negocio sabe identificar bien los síntomas e indagar en el verdadero problema que esconden detrás, es cuando realmente tiene éxito. Un negocio consiste en resolver necesidades de tus clientes, si te están hablando de sus síntomas, para resolver sus necesidades vas a necesitar indagar en el verdadero origen del problema. El error que comete la mayoría de la gente es que se queda escuchando los síntomas y cree que son problemas, pero realmente no lo son y por eso no venden lo que les gustaría. Porque su oferta no está basada en problemas reales, sino en síntomas que parecen problemas, pero no lo son. Por eso es importante que si un cliente, por ejemplo, te está diciendo que tu producto le parece "caro", entiendas que el problema real es que no ha percibido suficiente valor en tu propuesta.

Que algo sea caro o barato es una pura percepción personal. Te lo voy a demostrar con un ejemplo muy sencillo: Si tú tienes 1.000€ en el banco y te ofrecen comprar un pantalón de marca con un tejido y comodidad excelentes por 300€, ¿te parece caro? Seguramente sí, porque en comparación con tu poder adquisitivo es mucho, ¿verdad? En cambio, si a un futbolista que gana 12 millones de euros al año le ofreces ese mismo pantalón, ¿crees que le parecerá caro? Seguramente no, porque en comparación con su poder adquisitivo es un precio ridículo.

Vamos a ir un paso más allá...

Ahora imagínate que eres la persona que tiene 1.000€ en el banco y eres un fanático del fútbol. Si en el discurso de venta yo te digo que ese pantalón de 300€ es un pantalón que aguanta más de 10 años sin romperse, que puedes saltar y hacer lo que te dé la gana con él puesto y que además es el que usan los futbolistas más famosos... tu percepción con respecto a tu poder adquisitivo y el resto de pantalones que te sueles comprar puede que sea "caro", pero como su valor percibido acaba de multiplicarse, ahora es mucho más probable que estés dispuesto a pagar esos 300€ por él. Por eso, cuando alguien te dice que algo es "caro", su percepción es el síntoma, pero el verdadero problema es que no ha percibido suficiente valor en lo que le estás ofreciendo. Y es importante ser consciente de esto.

Cuando alguien dice, por ejemplo, que no tiene tiempo para algo, miente. Sí, aunque sea de forma subconsciente, pero miente. Ahora lo entenderás mejor. Todo el mundo tiene las mismas horas al día y unas personas encuentran tiempo para eso, mientras otras no. Casi todo el mundo siempre dice que le falta tiempo, pero realmente muchos pasan horas frente al televisor viendo Netflix, jugando a videojuegos o tomando cervezas.

Si alguien te dice que no tiene tiempo para algo, realmente su problema no es la falta de tiempo, sino que lo que le propones no es para él una prioridad ahora mismo. Sabiendo esto último, tu objetivo debería ser hacer consciente a esa persona de por qué debería darle prioridad a lo que le propones. Es muy importante entender esta parte psicológica y saber transmitirla a la hora de vender online, porque nadie comprará algo que no valora o no siente que sea prioritario en ese momento.

Uno de los trucos que utilizo para saber cuál es el verdadero problema que se esconde detrás de un síntoma es preguntarme "¿por qué?"

Normalmente después de preguntar 5 veces seguidas "por qué" se suele llegar al origen del problema.

---

## La gente suele hablar de síntomas, en lugar de sus problemas reales.

**Marina Miller**

---

Si llegas al origen de los problemas de tu audiencia, podrás crear buenos productos y servicios que desearán comprar como locos. Lo que pasa es que la mayoría de empresas se quedan con lo que la gente les dice, en lugar de indagar en los problemas reales, que es lo que permite crear negocios que realmente molan y ganan pasta.

Si alguien te está diciendo que tu producto es "caro", aumenta el valor percibido en cada palabra que hay escrita en tu página web, tus emails y en tu propio discurso cada vez que hables con alguien.

Siempre hay marcas que venden con un precio superior al de la media, y se venden porque van a un público más reducido de la población pero con un poder adquisitivo más elevado. Si ese es el público al que te quieres dirigir, tendrás que hablarle de las cosas que valora ese tipo de gente.

Voy a ponerte otro ejemplo, imagínate que tu supuesto problema es que "ganas poco dinero con tu negocio". Realmente ese parece el problema, pero ,como te dije antes, es un síntoma. El problema real puede ser que tengas unas tarifas demasiado bajas o que tengas pocos clientes. Cuando detectas el problema real, puedes tomar acción para resolverlo.

Quedarte solo pensando en "gano poco dinero con mi negocio", solo alimenta a tu víctima interior. Además, te sitúa mentalmente en una posición de indefensión. Si llegas al problema real, que podría ser, por ejemplo, que tienes que subir tus tarifas, tener más clientes, o ambas cosas a la vez, ahí puedes tomar acción.

La pregunta que podrías hacerte es: ¿Qué puedo hacer para aumentar mis tarifas sin que mis clientes se marchen?

Tal vez tienes que explicarles a tus clientes los motivos y beneficios que obtendrán de este cambio. Podrás trabajar mejor para ellos, con una mayor exclusividad y dedicación.

Por otro lado, si necesitas más clientes, puedes volver a preguntarte lo mismo: ¿Qué puedo hacer para conseguir más clientes? Y ahí elaborar una lista de acciones de las cosas que puedes hacer, elegir una o dos de ellas y darle caña.

La cuestión es que, como la mayoría de gente se queda en el síntoma, acaban alimentando a su víctima interior. Si aprendes a detectar los verdaderos problemas, podrás hacerte las preguntas adecuadas para encontrar soluciones y acciones que tomar.

Esta mentalidad es clave en los negocios que triunfan. Esos negocios que admiras, han cometido cagadas muy gordas y se han enfrentado a muchas dificultades.

Mientras más grande es la empresa, más gordos son los problemas y responsabilidades. Imagínate qué diferencia hay en que se rompa la pasarela de pagos online de un negocio online que tiene un pedido al día, en comparación con una que tiene 1.000 pedidos diarios. Si quieres tener un gran negocio, primero tienes que tener una mentalidad a la altura de ese negocio.

Siempre surgirán situaciones adversas, la cuestión es no quedarse en la víctima pensando: mi sector está complicado, hay una crisis económica o es que la gente no está dispuesta a pagar esto...

La queja no es una posición que te ayude a avanzar, solo alimenta tu víctima interior y hace que te sientas más indefenso cada vez.

Sea cual sea la situación externa, piensa en qué puedes hacer tú para cambiar esa situación, eso es lo que hacen los negocios que más molan y ganan pasta.

Una de las cosas más potentes que he aprendido en todo este tiempo emprendiendo, es que la mentalidad de un emprendedor en un negocio lo es absolutamente todo.

## Si tu cabeza se va a la mierda, tu negocio se va con ella.

**Marina Miller**

A veces, harás cosas brillantes y otras te saldrán jodidamente mal, pero lo más importante es que tu valía no dependa de los resultados de cada momento. Es decir, si te sale algo mal y has hecho antes cosas muy bien, no puedes decirte en tu cabeza que no eres bueno.

Los creadores de grandes negocios saben que son valiosos, aunque a veces haya cosas que les salgan mal. Tus resultados no te definen, pero tu actitud puede definir el resto de tu vida.

Cuando te encuentres ante dificultades, hazte preguntas potentes que te impulsen a buscar soluciones.

Aquí te dejo 3 preguntas por las que puedes empezar:

*¿Qué puedo hacer yo en esa situación?*
*¿Qué necesito cambiar para que esto funcione?*
*¿Qué puedo hacer para que valoren más mi propuesta?*
*...*

Hay muchas preguntas distintas que puedes hacerte, la clave es que todas parten de ti, de lo que puedes hacer tú o deberías replantearte tú. El entorno es el que es, y eso no se puede cambiar. Es como jugar al ajedrez, no puedes cambiar el tablero ni las reglas, pero sí tu forma de pensar y tu jugada.

Cuando monté mi primer evento presencial en Marzo de 2022 sucedió algo muy duro que me hizo poner a prueba mi mentalidad una vez más. Al final del evento ofrecí a los asistentes un programa de mentoría individual conmigo a un precio exclusivo. Solo se podía acceder a este precio si realizaban una reserva de 100€ los dos días posteriores al evento y, en caso de no ser seleccionados, se les devolvería ese importe.

La cuestión es, que al finalizar el evento hicimos unas encuestas para obtener feedback sobre su experiencia durante la formación y el programa de mentoría que se le había ofrecido. Al pasar las primeras horas (de las 48h que duraba el precio especial), aún no habíamos recibido ninguna reserva.

El equipo y yo nos pusimos a revisar el resultado de las encuestas para ver lo que sucedía y descubrimos que mucha gente había indicado que no tenían claro si era para ellos ese programa de mentoría. Ante esa situación, tenía dos opciones:

**Opción 1:** Alimentar a mi víctima interior de "no lo he explicado bien" y quedarme hundida entre lamentaciones.

**Opción 2:** Buscar la forma de solucionar el problema real.

El síntoma era que no habían pagado la reserva, pero el problema real es que no habían entendido si ese producto les encajaba o era lo que ellos necesitaban. Obviamente, escogí la segunda opción.

Mandé un email a todos los asistentes para hacer una reunión online para resolver sus dudas sobre el programa de mentoría antes de que finalizara la promoción. Pude hablar con los interesados, resolver sus dudas en directo y, antes de que acabase el periodo de inscripción, había cubierto casi todas las plazas.

Lo que quiero transmitirte con esto es que la cuestión no es como de grandes son las adversidades, sino como enfocas tu respuesta ante ellas. Por eso, hay negocios que parecen inquebrantables, mientras otros acaban hundidos a la primera de cambio. Puede que tu idea inicial no funcione, pero si te haces las preguntas adecuadas y descubres el problema real, podrás modificarla hasta dar con la solución.

Por eso es importante que aprendas a ver los problemas detrás de los síntomas. Que analices lo que te está queriendo decir esa persona en realidad y busques la manera de darle solución, en lugar de tomar una postura de queja victimista.

Si, por ejemplo, tienes una empresa en la que muchas personas escriben al servicio de soporte online porque no entienden qué deben hacer después de contratarte, tal vez tengas que ver cómo mejorar el proceso de "onboarding" o bienvenida cuando alguien contrata tu servicio. El síntoma es la queja, el problema real es que no han entendido cómo funciona el servicio o qué deben hacer justo después. Ahí sería interesante hacerte la siguiente pregunta:

¿Qué puedo hacer para que entiendan cómo funciona sin tener que preguntar?

¿Cómo puedo mejorar esa experiencia post-compra?

Cuando tienes esta mentalidad es casi imposible acabar en fracaso, porque acabarás encontrando el camino para poder ayudar a esa gente.

Por eso la clave es saber distinguir muy bien entre los síntomas y los problemas reales que los originan. Porque la gente no suele hablar de problemas, sino de los síntomas, que es lo que les perturba. Mientras más capaz seas de ver los problemas que esconden estos síntomas, más potentes serán tus productos, servicios y tus propuestas a la hora de venderlos.

Entender cómo funciona la psicología humana y nuestro razonamiento a la hora de vender online es absolutamente clave. Vivimos en un entorno tan cambiante, que nuestra brújula más fiable es entender cómo piensa la sociedad actual en cada momento.

¿Por qué crees que lo que funcionaba antes no lo hace ahora? Porque la sociedad ha cambiado, junto con muchos de nuestros valores y prioridades. Los negocios que han conseguido adaptar sus productos, servicios y propuestas a esta nueva sociedad son los que están triunfando, mientras, el resto, se queda quejándose de los cambios y añorando el pasado.

Evolucionar es inevitable y, por eso, tu posición siempre debería ser desde el avance, empezando por preguntas del tipo "¿Qué puedo hacer…?"

En lugar de centrarte en ti (que es lo que hacen las marcas casposas que se quedan obsoletas) enfócate en el de enfrente, en lo que necesita, en lo que quiere escuchar y cuáles son sus problemas reales ahora. No importa lo que sucediese en el pasado, observa ahora a esa gente a la que te diriges y enfócate en ellos para construir productos y servicios que marquen realmente la diferencia en tu sector.

Un negocio digital que evoluciona y crece sin parar es aquel que, ante la adversidad, indaga, se hace buenas preguntas y encuentra la manera de seguir avanzando. El resto se quedan atrapados en la queja y el victimismo.

Después de escuchar cientos de entrevistas y analizar a muchos creadores de grandes negocios digitales, descubrí que todos ellos pensaban de esta forma que te acabo de comentar. Nunca dejaron que sus fracasos o errores les definiesen. Buscaron el aprendizaje dentro de cada caída para evolucionar y acabar, así, mejorando sus productos y servicios hasta alcanzar destacar del resto de competidores de forma natural.

Ahora quiero que te preguntes algo importante y te tomes un par de minutos para reflexionar:

¿Por qué hay gente a la que casi siempre le funciona a pesar de la dificultad?

Todo es una cuestión de enfoque el la solución o el victimismo.

**Recuerda:** El problema nunca es el verdadero problema...

MILLONETIS DIGITALES

MILLONETIS DIGITALES

**LECCIÓN 7**

# TU MARCA DEFINE A TUS CLIENTES

MILLONETIS DIGITALES

Antiguamente, las marcas se usaban para identificar a los fabricantes de los objetos. Si alguien te vendía una vasija de mala calidad, cada vez que vieses una con su nombre escrito, ya sabías que no había que comprar esa. En cambio, si alguien te vendía un plato que duraba mucho y no se rayaba, sabías que el artesano era bueno y a ese podrías comprarle más cosas. Las marcas ayudaban a transmitir cierta confianza y fiabilidad.

Hoy en día, las marcas han ido un paso más allá…

Ahora, las marcas nos ayudan a definirnos como personas. Si no me crees, hazte esta pregunta: ¿Por qué la gente paga 40€ por una camiseta Adidas y no se pondría una del Banco Santander? Es curioso, pero si piensas en tres nombres de marcas para definirte (que no son necesariamente las que más consumes), seguramente se esconden detrás interpretaciones sobre ellas que quieres que asocien contigo. Por ejemplo, nadie que eligiese a Apple como una de sus 3 marcas para definirse pensaría que le van a asociar con algo cutre.

Es muy importante que entiendas que, cuando creas un negocio digital, tu marca no es solo tu logotipo. La gente piensa "que me hagan un logo chulo por 50€" y luego no entienden por qué no hacen "tribu" o no tienen fans de su marca. Nadie estaría orgulloso de ser fan de "Bar Manolo" (excepto su mujer). Tienes que entender que tu personalidad debe formar parte de tu marca, y tu marca es una representación de tu negocio. Es decir, transmite ciertas cosas a tu audiencia.

Puede que tengas un producto buenísimo, pero si la gente no se identifica con lo que estás proyectando porque les parece cutre, descuidado o no está alineado con la imagen que ellos quieren reflejar, no lo comprarán. Poca gente escogería para definirse la marca de una crema vaginal o una tabacalera. En cambio, si alguien te dice por ejemplo que se identifica con Ikea, Lego o Apple, piensas que es alguien a quien le gusta el diseño, lo práctico y lo contemporáneo.

Las marcas que construimos hablan de nosotros y tu marca hablará de ti, por eso tienes que tener muy claro la imagen que quieres transmitir. Por eso, hay fundas de móvil que tienen el logotipo de Apple al descubierto, para que se pueda ver.

Hay algo parecido que pasa con los portátiles de Apple. Todos los que somos amantes de esta marca te diremos que es increíble su sistema operativo porque nos da un rendimiento brutal y los programas no se quedan pillados. Defendemos a muerte que su diseño es la hostia, son más fiables y no tienen virus, entre otras pijaditas más. La realidad es que la mayoría de la gente solo navega por internet, escribe algún documento o ve vídeos con su ordenador, así que, le da lo mismo un Mac que cualquier otro ordenador que cueste 5 veces menos.

Esto mismo ocurre con las marcas personales, si la gente admira a un personaje famoso, está demostrado que nos genera confianza aunque sepamos que no tiene ninguna vinculación con ese producto. Por eso, es importante que cuides muy bien qué marca va a representar a tu empresa y qué imagen vas a proyectar a los demás. Ojo, que aquí no te hablo solo del logotipo, hablamos de todos los factores que representan a tu marca y vamos a ver a lo largo de este capítulo de manera más profunda (pero sin pasarme, solo con lo que interesa).

Llevo años observando todo tipo de negocios online, y hay marcas que me han generado mucho rechazo, mientras otras tenían una filosofía y esencia con las que realmente me identificaba. Tal vez su logotipo y colores me gustaban, incluso puede que el nombre, pero había más cosas importantes:

El lenguaje a la hora de comunicarse, el tipo de palabras que utilizan, su tono, los elementos gráficos o audiovisuales que usan, también construyen la personalidad de una marca. Yo no soy especialista en estos temas en concreto, pero sí puedo enseñarte lo más importante que deberías tener en cuenta y tienen los negocios online que más atractivo generan.

Hay muchos negocios digitales que tienen marcas con mucha incoherencia y eso les acaba pasando factura. Si tienes un tono cercano en el discurso de tu web, no puede ser que hable con soporte o alguien por email y me conteste de forma hiperformal. No tiene sentido una reacción así, pero este tipo de cosas suceden porque no se han transmitido a los trabajadores cuál es el lenguaje de la marca.

Esto no quiere decir que tengas que construir una marca y dejar todo grabado como en una lápida de piedra para siempre. Eso, nunca mejor dicho, sería como cavar tu propia tumba.

Las marcas evolucionan, avanzan y se transforman. Sino piensa en Mcdonald's que antes tenía toda su identidad visual en color rojo y amarillo, pero ahora ha pasado a verde oscuro y amarillo. Hay una intención muy clara detrás: que se les asocie con productos más ecológicos y naturales.

Lo que tienes que tener claro es cuáles son los valores de tu negocio ahora y qué quieres transmitir a tu audiencia. No puedes intentar decirle a la gente lo que tiene que pensar de ti con tu marca, pero sí harás que la gente tenga en su mente ciertas ideas asociadas a tu marca según lo que hagas.

Si montas anuncios de publicidad online en plan cutre por ahorrarte un dinero, la gente verá que no cuidas los detalles o pareces menos profesional que tu competencia. Eso hará que se creen una imagen sobre ti en su cabeza que, tal vez, no es la que te gustaría.

Hace poco, hice un programa en mi podcast donde analizaba los anuncios más adictivos de Instagram y hablaba de una empresa de marketing que ha hecho unos anuncios que destacan del resto. El motivo es que tienen un discurso muy trabajado desde la parte psicológica humana y, además, tienen la producción hecha por una productora cinematográfica profesional. Sus vídeos tienen hasta efectos especiales de cine y la puesta en escena es brutal, muy cuidada y profesional.

Nadie se imaginaría viendo esos anuncios, que la empresa que hay detrás son 4 tipos con los dedos grasientos comiendo perritos calientes en un garaje. Es más fácil que te los imagines como una gran empresa en un edificio de cristal, con altos ejecutivos y ejecutivas vestidos de gala.

Tal vez su realidad no sea ninguna de las dos, pero la imagen que representan es de una empresa donde cada detalle está muy cuidado y son muy profesionales. Aquí estamos hablando de que solo he visto un anuncio y un logotipo, no he trabajado con ellos, pero han generado eso en mi cabeza solo por su forma de hacer los anuncios en internet. Por eso, tienes que empezar a ver más allá y entender qué le pasa a tu audiencia por la cabeza según lo que haces.

Es muy importante entender cómo funciona la mente del que estará mirando tus contenidos y qué narices le vas a transmitir.

Hay toda una cadena de asociaciones inconscientes que hacemos en nuestro cerebro cuando vemos una marca. Aunque esto no es puramente racional, hay marcas que nos caen bien o mal por temas que no recordamos o no podemos describir de manera consciente. Lo que está claro es que el producto de base tiene que ser bueno, y luego, tienes que saber transmitirlo de una forma atractiva.

El otro día estaba escribiendo una página de ventas para una de mis alumnas de mentoría y estaba dándole vueltas al titular de la web. Decidimos que queríamos darle un tono más cercano a la marca y salirnos de los típicos mensajes que no conectan con nadie. Su empresa es de automatización de negocios online y es curioso que, en ese sector, todo el mundo vende con los siguientes mensajes:

*Automatiza tu negocio y gana más.*
*Ten más tiempo libre automatizando tu negocio.*
*Escala tu negocio gracias a la automatización.*
*Pon tu negocio en piloto automático.*

Todos I-G-U-A-L-E-S.
Mismo perro, distinto collar.

Entonces pensé cómo podía retar al lector y cautivar su atención con un mensaje que dijese eso, pero sin decirlo. Y se me ocurrió el siguiente titular para la web:

*Si estás echando mil horas en tu negocio es porque quieres.*

¿Sabes lo que sucede cuando alguien lee una frase así? Partiendo de que la gente que echa mil horas está quemada, su cabeza automáticamente grita en su interior:

*¿Cómo que por que quiero? ¡Qué narices sabrás tú!*

Justo en ese instante, te acabas de ganar el 100% de la

atención de esa persona y será casi imposible que no siga leyendo (justo lo que tú quieres que haga). Esta técnica consiste en negar algo que todo el mundo considera cierto y, de esa forma, captar su atención. Después, decidí continuar con un subtítulo bastante jugoso que incita a seguir leyendo:

*La mayoría de negocios en los que se trabaja 8 horas al día, podrían dedicar la mitad a ver Netflix. Ahora tú también puedes saber cómo hacer eso.*

Aquí, la idea sigue siendo romper tus esquemas, diciéndote que tu equipo y tú podríais estar viendo Netflix la mitad del tiempo y el trabajo estaría hecho igualmente. En vez de decirte que les sobrará la mitad del tiempo, usamos un lenguaje de marca que aplica el humor para transmitir lo mismo, pero dicho de otra forma muy distinta.

La idea es que, si la manera de decirlo rompe con lo habitual y es más original, captará tu atención. Lo suyo es que se mencionen cosas de la vida cotidiana del público objetivo que pueda identificar fácilmente.

Este tipo de mensajes podrían ser muy útiles como anuncios en redes sociales de esta empresa, campañas de email marketing, y en toda su comunicación. En vez de estar diciéndole a la gente "escala tu negocio", "automatiza" y todos esos mensajes iguales. La idea sería lanzar mensajes que capten la atención de la gente rompiendo sus esquemas. Es como si sacas un titular diciendo "Hacer ejercicio no es sano". Automáticamente captarás la atención de mucha gente. Después, ya en esa web o artículo, podrás explicar que si te pasas haciendo ejercicio puede ser malo, que hay que complementarlo con una dieta o lo que te dé la gana. Lo importante aquí es captar la atención en un mundo saturado de impactos.

---

## A veces decir una burrada, es una buena forma de llamar la atención.

**Marina Miller**

---

Puede que en este momento pienses que tu tipo de negocio no es algo digital ni innovador, y que este tipo de cosas no sirven para ti, pero no es verdad.

Voy a ponerte un tipo de negocio muy tradicional como ejemplo, así lo verás con tus propios ojos. Imagínate que acabas de abrir una panadería y quieres darla a conocer en internet.

Puede que incluso estés pensando en hacer anuncios por redes sociales a la gente de la zona y quieres captar su atención, ¿qué podrías decirle a esa gente?

Vamos a verlo...

Yo usaría un titular de este tipo para captar su atención y que no pudieran resistirse:

*Un estudio descubre que el pan adelgaza.*

Después de años escuchando que el pan engorda nos sorprendería y captaría nuestro interés. Es como un cotilleo, nos resulta muy difícil resistirnos. Como este mensaje como tal tampoco sería cierto, lo aclararemos al visitar la web de la panadería:

---

*Esto es lo que nos gustaría creer a todos los que nos encanta comer pan...*

Un pan bueno tiene hidratos de carbono, proteínas de origen vegetal, fibra, vitaminas y minerales.

En cambio, uno de mala calidad es como comer bollería industrial todo el día. ¿Quién no engorda comiendo todo el día eso?

---

Ahí ya estás transmitiendo ciertos valores de la marca, diciendo que tu producto es artesanal y de calidad de forma subjetiva. Por eso, las marcas también tienen una voz y transmiten un mensaje con su propia comunicación.

Por un lado, estás educando al cliente sobre el producto,

además de hacerle ver las desventajas de elegir un mal producto. Si quieres clientes que estén dispuestos a pagar más por un pan artesanal de calidad, habría que lanzar un mensaje de ese tipo. Así, evitarás que el cliente no sea un público que vaya exclusivamente por el precio, como te dije en el propio título de este capítulo: ten en cuenta que tu marca define a tus clientes.

Ahora hay que cuidar también más cosas que afectan a tu marca. Si montas una web con ese mensaje, no puedes mostrar imágenes donde se vea una fábrica de pan súper industrial, porque generaría una incoherencia total. Si intento trasladar un mensaje de producto artesanal y de calidad, tendré que mostrar imágenes visuales que representen eso.

Todo influye en una marca. La imagen visual y el mensaje tienen que estar alineados para crear una imagen coherente.

Luego, lo suyo es que al visitar mi panadería las bolsas sean de tela o papel, con un estilo muy hecho a mano. Así mantendré esa esencia y la imagen mental de ese cliente será: *"En esta panadería el pan es artesanal, más natural y es mejor".*

Si alguien cuida su alimentación, le preocupa su salud y le gusta lo natural, escogerá tu panadería en lugar de la de la esquina de al lado, que tiene el pan más barato, pero que no transmite todo eso. Es muy importante tener este tipo de detalles en cuenta: todo lo que proyecta nuestra marca le está mandando un mensaje a nuestro cliente. Si somos una empresa innovadora, nuestra web tiene que ser llamativa y diferente.

Mira, me he venido arriba y voy a ir un paso más allá, vamos a imaginar que vendo alfombras online...

Ahora resulta que hay un millón de webs que venden este tipo de productos y yo no soy el más barato.

Aquí viene la pregunta clave: ¿Cómo podría transmitir un mensaje diferente?

Yo utilizaría el siguiente:

*El 97,99% de las alfombras se deshilachan antes del primer año y hay que tirarlas, por eso aquí no vendemos alfombras que dan dolores de cabeza.*

Ahí acabo de decirle a mi cliente, si compras una alfombra barata y te cuesta un dinero, prepárate para cambiarla en un año como mucho. En vez de decirle "tengo unas alfombras que son de muy buena calidad y muy resistentes", se lo digo de una forma subliminal.

Luego, tendré que tener una web sofisticada donde enseñe a mis clientes distintas combinaciones de espacios donde colocar las alfombras. Tendré que tener buenas imágenes con los detalles del tejido con súper zoom y todas esas cosas que aumentan la percepción de calidad.

Después, se podrían añadir a lo largo de la web o en los propios emails mensajes divertidos tipo:

*Estas alfombras han presenciado los momentos más íntimos de muchos famosos, ellos no compran las típicas de Amazon o un bazar chino, pero tampoco les gusta dejarse un dineral.*

Como te he dicho a lo largo de este capítulo, hoy en día nos identificamos con las marcas. Por eso la gente imita y copia la ropa de los famosos buscan de alguna forma sentirse como ellos, porque les inspiran o les gustaría tener esa vida. Si te digo que los famosos compran este tipo de alfombras, puede que también la compres para sentir que tu casa es como la de ellos.

Con la frase final de "tampoco les gusta dejarse un dineral", le he añadido un plus: te estoy transmitiendo que no son caras sin decirte que sean baratas. Por eso, hay que hilar muy fino en la comunicación de una marca y todo el aspecto visual.

Por este motivo, de repente, te cruzas por internet con una marca que no habías visto en tu vida, pero te transmite que es la hostia. Cuando pasa eso, es que lo han sabido hacer muy bien. En cambio, cuando ves algo cutre y piensas "otro más", es que no han conseguido ese efecto.

Es importante que vigiles la manera en la que se comunica tu marca, las imágenes, los elementos audiovisuales y, sobre todo, el mensaje que estás transmitiendo.

---

## Un mensaje potente, impacta más que un desnudo.

**Marina Miller**

---

Ya has visto que se puede hacer con todo tipo de negocios y, acompañarlo una imagen visual de la hostia, también. Porque no es lo mismo un "niño muy mono", que un "mono vestido de niño".

Ahí lo dejo...

MILLONETIS DIGITALES

**LECCIÓN 8**

# HAZ MENOS Y GANA MÁS

# MILLONETIS DIGITALES

Después de muchos años metida en este mundillo digital, he aprendido una valiosa lección: no hay que hacer tanto. Curiosamente, todo el mundo te dice que tienes que estar en todas las redes sociales, hacer mil publicaciones y estar en mil canales a la vez, pero no es verdad.

La mayoría de la gente que dice todas esas cosas, no está ganando mucho dinero ni tiene un negocio que mole demasiado. Esto es como escuchar los consejos sobre relaciones de un amigo que jamás ha tenido pareja o se ha divorciado 3 veces. Mal asunto.

Por eso, cada vez que alguien me dice que haga algo, prefiero analizarlo y, si decido hacerlo, validarlo con mis propios resultados. Te voy a contar una cosa bastante curiosa que me sucedió y me hizo darme cuenta de que debía hacer mucho menos, en lugar de escuchar lo que decía la mayoría. Como te dije al inicio de este libro, tengo un podcast llamado "Espabilismo Freelance" y resulta que llevo ya casi 500 programas cuando estoy escribiendo este libro.

Cuando empecé hacía un programa diario de lunes a viernes durante los 10 primeros meses. Luego me relajé y fui haciendo 2 o 3 programas por semana. Últimamente, había visto que el podcast se había estancado un poco en cuanto al número de escuchas por programa.

La audiencia seguía subiendo en número de suscriptores, pero las escuchas estaban un poco estancadas.

En agosto, decidí irme de vacaciones un mes entero, después de 6 años con mi propio negocio. Nunca me había tomado un mes completo de descanso y decidí que era el momento. En principio, tenía pensado ir haciendo podcast o dejarlos grabados. Estaba lanzando 3 programas a la semana en ese momento de media y decidí pararlo durante mis vacaciones. Lo curioso es que a mi vuelta me puse a analizar los datos y vi algo inesperado.

El último programa tenía 5 veces más escuchas de lo habitual y el anterior más del triple también. Obviamente, entiendo que una persona no escucha el mismo programa más de una vez, por lo que la audiencia por programa había subido. Esto tenía sentido, porque yo había estado parada, por lo que más gente que hubiese descubierto mi podcast escuchaba el mismo programa.

Justo en ese momento, me hice la siguiente pregunta: ¿estaré dando demasiado?

Cuando haces un podcast, lo ideal es que cada programa llegue al máximo número de gente posible. Mi intuición me decía que tal vez debía dar menos contenido y que a más gente le diese tiempo a consumirlo, ya que podía ser que mis oyentes, de los 3 programas que publicaba, solo estuviesen escuchando solo uno por falta de tiempo.

Me lancé a corroborar mi teoría haciendo un único programa a la semana, y el resultado me dió la razón. Ahora cada uno de mis programas se escucha como mínimo 3-4 veces más que antes. Lo que quiere decir que con mucho menos de la mitad del esfuerzo, estoy llegando a mucha más gente. Menos es más.

Por eso, muchas veces no se trata de hacer, hacer y hacer, como nos han enseñado. Sino de pensar, pensar, pensar, pensar y por último, hacer. Yo suelo poner un ejemplo bastante ilustrativo para este tema: si quiero cavar un agujero para hacer un pozo, puedo ponerme a picar sin parar y tardar meses hasta conseguirlo (esto es lo que hace la mayoría de la gente). Tal vez puedo dedicar un mes a construir una máquina para cavar más rápido y luego, en un par de días, haber cavado mi pozo. Por eso la clave no es hacer mucho, sino hacerlo de forma más inteligente.

En vez de hacer mil publicaciones en redes sociales cada día, puedes destinar tu tiempo a investigar cómo hacer una publicación que se haga viral e intentar sacar una a la semana que se viralice. Si pones tu esfuerzo ahí, con solo una acción, podrías conseguir mucho más resultado que pasar un año haciendo publicaciones diarias con un montón de esfuerzo.

El problema es que no nos enseñan a pensar así. Desde pequeños nos han dicho que los resultados se consiguen con mucho esfuerzo y eso es una creencia limitante. Si piensas eso, harás todo lo posible para reforzar esa creencia. Trabajarás duro y si algo te llega fácil, pensarás que debe haber algo oculto detrás y te acabarás autosaboteando.

Yo he visto a gente del mundo online llegar mucho más tarde que yo y adelantarme por la derecha sin frenos.

Supieron hacer cosas muy clave y llegar a la meta que yo quería mucho antes. Te aseguro que no le dedicaron más tiempo y esfuerzo, pero sí hicieron acciones mucho más inteligentes. Por eso, ahora no me centro tanto en hacer mucho, sino en pensar más, para hacer menos y conseguir mucho más.

Esta es una lección muy importante si quieres construir un negocio potente en internet. Todo en este mundillo cambia a la velocidad de la luz. Cada vez que algo cambia, todo el mundo se vuelve loco y se pone a hacer cosas de un lado para otro.

Lo mejor es pararse a observar y tomar decisiones con la cabeza bien fría, evitando los impulsos. Esto es como la cerveza, mientras más fría, mejor. A veces me he pasado horas creando contenidos, programas para el podcast y mil cosas para conseguir suscriptores nuevos en mi lista de correo. En cambio un día hice una acción y envié un solo email a mi lista. Repito, una acción y un solo correo.

¿Sabes lo que sucedió? En solo 48 horas tenía 150 suscriptores nuevos totalmente gratis en mi lista de correo. Podían haber sido muchos más si hubiese mandado más de un email, pero solo mandé uno porque quería hacer la prueba y sucedió eso. Ahora no me centro tanto en hacer mil cosas distintas, sino en hacer las cosas de forma más inteligente.

Es mejor hacer algo muy bueno y buscar la forma de aumentar su impacto, que estar todo el día haciendo cosas mediocres para parecer que eres más bueno. Si haces eso, entras en la carrera de la rata.

## A la carrera de la rata nadie te empuja, te compras el dorsal tú solito.

**Marina Miller**

Me he parado a analizarlo cientos de veces y te aseguro que la gente que tiene negocios potentes en internet no piensa como lo hace la mayoría. No se trata de estar todo el día ocupado trabajando para sentirte bien, eso es mentalidad de empleado y es entrar en la famosa carrera de la rata.

Un emprendedor con mentalidad de triunfador hay días que trabaja un montón porque está a tope de energía e inspirado, pero a veces otros se los toma libres o simplemente está pensando. También hay una conducta que destaca entre los creadores de los negocios más molones que ganan mucha pasta: las relaciones. Dedicar tiempo a hablar con otros emprendedores, conocer sus negocios y saber cómo piensan puede convertirse en un gran activo para tu negocio que poca gente valora.

Si estás todo el día pringado haciendo mil cosas, no tienes tiempo para pensar. Tampoco te queda tiempo para relacionarte, ni tampoco para saber qué narices hacen otros y por qué lo están haciendo. A veces, las mejores ideas te las dan otras personas que piensan diferente y por eso es fundamental estar en contacto con ellos. Recuerda que no se trata de hacer mucho todo el tiempo, sino de hacer cosas de forma más inteligente.

Ahora dedico gran parte de mi tiempo a leer libros y escuchar podcast que me hacen expandir mis propios horizontes mentales. No solo tienes que quedar con esas personas, hay programas y libros donde la gente te explica cómo ha montado sus empresas, decisiones difíciles que ha tenido que tomar, sus motivaciones, etc. Toda esa información es oro puro a la que tus abuelos jamás tuvieron acceso, pero muchas veces no se valora porque cuesta poco acceder a ella o incluso puede ser gratis.

La mayoría prefiere quedarse en el "pobre de mí" en lugar de pasar al "pobre de ellos". Este último, significa que tú ya has salido de ahí y estás en otro nivel. Cuando dejas de quejarte y ves al resto quejarse, es señal de que has salido de la carrera de la rata.

Hace algún tiempo estuve en una convivencia con varios emprendedores en una casa rural, y me di cuenta de algo curioso. Yo me había dejado todo mi trabajo hecho, para poder estar allí plenamente disfrutando de conocer a unos y otros sin estar centrada en el trabajo. Una de mis compañeras allí me dijo algo inesperado: "No sé cuánto ganarás, pero eres la más gurú de aquí". En aquel momento no entendí a qué se refería y decidí preguntárselo para aclarar que quería decir.

Su respuesta fue que yo era la que vivía mejor, porque realmente podía permitirme estar allí sin trabajar, mientras el resto no soltó apenas el ordenador durante los días que pasamos allí.

Cuando decidí asistir a esa convivencia, yo tenía algo muy claro: mis aprendizajes allí estaban en las relaciones. Para estar trabajando frente a un ordenador, tenía mi día a día habitual, yo iba allí a conocer otros puntos de vista y aprender de otros emprendedores digitales todo lo que pudiese. Eso hizo que los 9 días que estuve allí, estuviese afónica todo el tiempo.

Jamás recuperé mi voz durante esos días, pero aún así, no dejé de parlotear con todo el mundo. Como hice muchas relaciones, sucedió algo más inesperado aún. Gracias a esas relaciones saqué allí un curso en pre-venta que compraron un tercio de los asistentes antes de que ni siquiera existiese y, encima, otro de ellos, me contrató para hacerle el diseño de su página de ventas. La organizadora de la convivencia me dijo algo antes de irnos que se me quedó grabado: *"A Marina le han pagado por venir aquí"*. En ese momento me paré a pensar y yo misma aluciné, porque todos habíamos pagado por asistir a esa convivencia. Lo curioso es que, como yo había vendido cosas allí, había vuelto con más dinero del que puse. Por lo tanto, era como si me hubiesen pagado por ir. Gran zasca de aprendizaje inesperado.

Por eso, a veces hay que pararse a pensar, relacionarse y no estar todo el rato haciendo cosas sin parar. Las oportunidades que surgieron allí no fueron por estar frente al ordenador, estuve hablando mucho con la gente, también les di muchas ideas y estrategias para sus negocios. Eso es lo que hizo que surgiese la magia y pasasen todas esas cosas.

Gracias a toda esa gente hoy en día mi escuela de estrategia digital se llama Espabilismo y me dieron un empujoncito más para atreverme a ser yo misma. Sin duda la experiencia *coliving* que organizaron María Sajim y Bosco Soler de Sinoficina.com fue un gran empujón para mí a nivel profesional y personal. Dos grandes emprendedores y personas que están haciendo crecer un proyecto muy chulo.

Al final, hay emprendedores que creen en modelos de negocio honestos y ganan mucha pasta creando proyectos que molan mucho. Lo he visto en muchas ocasiones y hay proyectos que tienen grandes valores detrás, esos son especialmente con los que más conecto.

Creo que todos deberíamos tener abundancia económica, pero no a cualquier precio, porque vivir haciendo cosas que van en contra de nuestros valores o no nos motivan en absoluto al final te hace pagar un precio demasiado alto. Por eso, en el subtítulo de este libro se unen dos cosas, negocios que molan mucho y a la vez dan pasta, porque, para mí, la plenitud interior se produce cuando se unen ambas cosas.

---

## Si tu negocio no te mola, el dinero te acabará dando igual.

**Marina Miller**

---

Cuando estás jodido y no tienes dinero, al principio buscarás a toda costa generar dinero. Es un instinto de supervivencia. El problema viene cuando tienes el tema económico cubierto y lo que estás haciendo no te motiva una mierda. Entonces, vienen las mierdas mentales y la desmotivación. Por eso, para mí, un verdadero *"Milloneti Digital"* tiene ambas cosas, uno o varios negocios que le molan mucho y encima gana pasta con ellos.

Si gana mucho o poco, dependerá de la percepción de cada uno. Hay gente que con 5.000€ al mes se siente el puto amo, mientras que para otro puede ser una misera. La cuestión es que tú estés haciendo algo que tenga sentido para ti y la pasta que ganes te tenga con el morrillo sonriendo. Los "Millonetis Digitales" suelen alejarse mucho de ese concepto de traje corporativo y súper empresa en la que pasarte mil horas estresado.

Normalmente, tienen un estilo de vida bastante poco común y fuera del sistema. A veces, puedes cruzarte con uno que parezca un "perroflauta" y, si conoces su vida o miras su cuenta bancaria, podrías fliparlo en grande.

El mundo de los negocios en internet ha cambiado mucho y ha abierto nuevos horizontes más allá de las empresas tradicionales. Yo suelo ver más el vaso medio lleno que medio vacío y, por eso, espero que las empresas más casposas se acaben también adaptando a nuestras nuevas formas de vivir, vender y pensar. Creo que, si no, se acabarán quedando sin gente para trabajar, porque nuestras prioridades no son ya las de nuestros abuelos y hemos evolucionado.

Ahora queremos trabajar, pero también vivir y conciliar nuestra vida personal para poder disfrutar del presente. Si la pandemia mundial nos ha dejado algo valioso (a parte de que la mayoría de la población ahora sepa leer los códigos QR), es que somos más conscientes de que en cualquier momento podemos morir. Eso quiere decir que cada día que vives, es una oportunidad única de disfrutar y crear proyectos que impacten de forma positiva en otros seres humanos.

Un emprendedor necesita construir cosas y superarse todo el tiempo, así que, mejor que esas cosas estén alineadas con nosotros mismos, nuestros valores y el impacto que queremos tener en este mundo. Así, nos sentiremos llenos de plenitud mientras las creamos y las hacemos crecer hasta donde seamos capaces.

Si lo trasladamos al perfil de "Milloneti Digital", para mí reúne 3 cosas:

1. Es dueño de su tiempo y diseña su propio estilo de vida según sus prioridades.

2. Gana suficiente pasta para tomar decisiones libremente sin necesidad.

3. Trabaja desde donde le da la gana aunque elija hacerlo siempre desde el mismo sitio.

¿Suena bien verdad? Pues el objetivo de este libro es que le des una pensada a tu negocio para que te conviertas en ese "Milloneti Digital".

Parece que hemos llegado al final, pero aún no he acabado.

Espera, espera...

Queda algo importante.

## MILLONETIS DIGITALES

AÚN QUEDA ALGO...

# UNA PROPOSICIÓN MUY INDECENTE

# MILLONETIS DIGITALES

A estas alturas y después de haber tomado nota de las 8 lecciones que he querido transmitir en este libro, ha llegado el momento de enfrentarte contra tu realidad. Es muy probable que termines este libro, te haya parecido guay el contenido y te lleves un par de conceptos en la cabeza, pero eso no te servirá para prácticamente nada.

Si no te pones a ejecutar lo aprendido y a integrarlo de verdad en tu forma de entender tu negocio, dará igual todos los conceptos que tienes en la cabeza. Por esta razón, decidí montar mi Club de Estrategas donde enseño a analizar el comportamiento humano y aplicar las estrategias más punteras que mejor funcionan ahora para vender en internet.

Dentro de este club comparto cada viernes una nueva lección en vídeo con una estrategia o clave psicológica, doy soporte personalmente por privado vía email a los socios, traigo a grandes estrategas digitales a destripar su modelo de negocio contando hasta cuánto ganan y mando cada mes varios bonus sorpresa con recursos prácticos.

No es un club solo para marketeros, sino para cualquier persona que quiera vender con su negocio en internet y necesita saber qué narices hacer para que funcione. Esta puede ser, probablemente, una de las mejores inversiones que hagas en tu negocio.

Estamos saturados de información y no quiero que renuncies a Netflix o HBO. Por eso, dentro he concentrado la mejor información que dominan los creadores de grandes negocios digitales, para ahorrarte cientos de horas de aprendizaje y pruebas. Todo eso en un contenido semanal muy potente, en el que te enseño atajos, errores comunes, técnicas poco conocidas y toda la base psicológica que hay detrás. Menos es más.

Lecciones sin paja, que puedes absorber a buen ritmo y puedes aplicar con tu personalidad a tu negocio. Sin permanencia: te das de baja en tu perfil cuando quieras y accedes por una cuota mensual ridícula.

¿No me crees? Comprueba por ti mismo lo que cuesta acceder escaneando este código y alucina...

Gracias por haber llegado hasta aquí, espero que hayas disfrutado el viaje.

Te espero dentro del Club de Estrategas en nuestras reuniones mensuales para poder hablar cara a cara.

Tanto si decides formar parte del club como si no me gustaría que, si conoces a alguien que tenga un negocio digital y creas que le puede aportar algo este libro, se lo regalases.

Te mando un fuerte abrazo.

**Marina Miller**

## MILLONETIS DIGITALES

Accede al regalo secreto...

# LECCIÓN EN VÍDEO

## "Un truco muy heavy para atrapar la atención en internet"

MILLONETIS DIGITALES

www.ingramcontent.com/pod-product-compliance
Lightning Source LLC
Chambersburg PA
CBHW050007230526
45465CB00003BB/1292